本当に日本人は流されやすいのか

施 光恒

角川新書

はじめに

皆さんの周囲にいわゆる自己啓発にハマり、セミナーなどに頻繁に通っている人がいないだろうか。近頃だと、よく「意識高い系」などと称される人たちである。

たとえば、この種の人は「ビジネスの仕方や日常生活をより合理的にする」「性格を改造し、引っ込み思案をなくす」「自己主張がうまくできるように話し方を変える」などといった各種のセミナーにせっせと通う。自己啓発に熱中するのは、元来、真面目な人がほとんどであるから、自身のビジネスの仕方や日常生活、性格の全面的見直しを行い、実際に変えていこうとする。

これだけにとどまらない。グローバル化が喧伝《けんでん》されるご時世なので、この種の人は、英会話教室にも通う。起業家セミナーやＩＴ関係のクラスも受講するようになる……。

こうした自己啓発の努力がうまく実を結ぶ人もいるだろう。仕事で昇進したり、経済的に豊かになったりする場合もある。また、それまで以上にいきいきと充実した日々を送れるようになることもあるだろう。

だが、自己啓発の試みがうまく行かない人も少なくない。昇進や昇給といった具体的成果を得られないばかりか、各種セミナーに通いつめ、その疲れでかえって元気を失ってしまう人もいる。あるいは、さまざまな講師からアドバイスを受け、混乱してしまう場合もあるかもしれない。セミナー通い自体が自己目的化してしまい、何のために自己啓発に取り組んでいるのかよくわからなくなることもあるだろう。

自己啓発の努力が実を結ばない人は、自分自身のことがよくわかっていない場合が多いようだ。自分自身の性格や適性、人生の目標などを実はよく理解しておらず、自分に合わないやり方で自己啓発の努力をやみくもに続ける。その結果、物事は改善するどころか悪化し、仕事への動機づけや日常生活での活力も失われてしまう。そうした場合が結構見られるようだ。

私は、近年の日本という国は、いわば、自己啓発にハマった人物になぞらえることができるように思う。

日本は、１９９０年代半ば頃からもう20年以上もいわゆる「構造改革」を常に繰り返してきた。新自由主義（小さな政府主義）の考え方に基づき、より合理的で効率のよい政治経済システムを作ろう、「グローバル・スタンダード」(実のところ米国型基準にほかならないのだが)に沿った形に日本企業を変革しようといった努力を続けてきた。米国の考え方や政治経済の仕組みをさまざまな分野で取り入れてきた。文化面でも、「グローバル化の時代だから英語が大切だ」とか「自己主張できるようになることが重要だ」などという理由で、小学校からの英語正式教科化やディベート教育の充実などの各種教育改革も断行されつつある。

だが、日本の自己啓発ならぬ構造改革は、残念ながらうまく行っていないと判断せざるを得ない。日本の国際競争力は、構造改革が本格化し始めた90年代半ばまでは世界でも最上位にあったが、それ以降、著しく低下した。GDPもほぼ横ばいを続け、世界における日本の経済面での存在感は低下する一方である。実質賃金や世帯所得も、90年代半ばごろをピークに下落を続けている。また、それに伴い、社会的閉塞《へいそく》感や疲弊感が高まっている。

日本社会の改革努力が報われないのも、自己啓発に失敗する人と同様、実は、自分たち自身のことがよく理解できていないことが主な原因ではないだろうか。日本人自身が、「日本の経済の強みの源泉は何か」「日本人が仕事に対するやる気や活力、充実感を強く抱くのはどういうときか」「日本人が幸福を感じるときはどういう条件が整った場合か」といった事柄についてよく理解してこなかった。言い換えれば、我々日本人自身が、日本という国のアイデンティティの特質をよく理解せずにここまで来てしまったのではないだろうか。

普通であれば、20年余りも改革の努力を続けても結果が伴わない場合、改革の方向性自体が誤りであると捉《とら》え、方向転換を行うはずだ。だが、日本の構造改革の場合は、方向転換が行われず、やみくもにこの路線を続けている。

この理由の一つは、構造改革を行う理由に、純然たる経済的なものだけではなく、実は一種の道徳的命題が含まれているからである。日本人の自律性・主体性に関する命題である。

普段あまり意識されないが、構造改革路線を選択した背景には次のような認識があった。すなわち、日本人は、自律性・主体性を欠き、同調主義的である。個が確立しておらず、集団主義的であり、政府などの権威に依存する傾向も強い。こうした日本人の悪しき人間類型を改造し、欧米のような自律した個人にしなければならない。社会全体としても、集団主義的なもたれあいの社会ではなく、自律した個人からなる近代的社会へと変革していかなければならない。

このような一種の道徳的命題が背後にあるため、経済的結果が伴わなくとも、構造改革路線が採用し続けられる。また、市場経済重視の財界人やエコノミストだけではなく、本来なら福祉や社会的平等を重視するはずのリベラル派（左派）的信条の持ち主まで、「市場原理主義」と称されることも多い構造改革路線に結局のところ賛成してしまう。

本書の一番大きな目的は、日本人が自分たち自身をよりよく知り、穏やかな自信を抱けるようにすることである。いわば、自己啓発に非合理にハマった状態から抜け出せるようにすることである。そして、よりよき政策の選択ができる条件とはどのようなものであり、それを整えるためにはどうすればよいかを考えることである。

本書は、具体的には次のような構成で話を進める。

第一章と第二章では、構造改革路線をとり続ける一つの要因である「日本人＝自律性・主体性に欠け、同調主義的で権威に弱い」という図式が正しいのかどうか吟味していく。

この図式が広まるうえで非常に大きな影響力をもったものに、米国の文化人類学者ルース・ベネディクトの著作『菊と刀』がある。ベネディクトの議論の検討を通じて、日本人が本当に同調主義的で権威に弱いのかどうか考察していく。

結論から言えば、私は、ベネディクトの分析は一方的・一面的だと考える。日本人は十分、自律性を持つことができる。ただ、日本で優勢な自律性の形態やその獲得の過程やメカニズムは、欧米で一般的と考えられるところのそれらとは少々異なる。ベネディクトは、欧米とは異なる自律性の構造が日本文化に存在することをきちんと認識できず、日本人が自律性を持たない、また目指してもいないと誤解してしまったのである。

このように論じつつ、いわば日本型の自律性の理念と呼び得るものはどのようなものであり、どのようなメカニズムでそれが身に付けられるのかを説明していきたい。

第三章と第四章では、欧米型の自律性の理念を無批判に受け入れ、構造改革路線を選択してきた結果、日本社会が陥った苦境について検討する。特に、改革すればするほど閉塞感や無力感が社会に蔓延《まんえん》していくという現在の倒錯した状況がなぜ生まれるのか、その理由を解き明かしてみたい。

最後の第五章では、第三章と第四章で明らかにする問題を解消するにはどうすればいいか、その方策を考える。人々がよりいきいきと暮らせる安定した社会を取り戻すためには何が必要かを検討していく。

目次

第一章　同調主義的で権威に弱い日本人？

「同調主義的な日本人」というイメージ

「厚切りジェイソン」という米国出身のお笑いタレントがいる。「Why　ジャパニーズ・ピーポー？」などと問いかけて、日本の習慣の不思議なところに突っ込むのを持ちネタにしている。

その厚切りジェイソン、以前、ツイッターで次のような書き込みをして、ネット上で話題になった。[1]

幼稚園→周りと合わせろ
小学校→周りと合わせろ
中学校→周りと合わせろ
高校→周りと合わせろ
大学→周りと合わせろ
会社→周りと合わせろ
パターンパターン！　見えてきたよ！

「やりたいことが分からない」とよく相談受ける理由。
自分で考える機会が今までなかったから。

我々日本人は、しばしば同調主義的であると言われる。米国などの欧米の人々から見ると、日本人は周囲の顔色を窺《うかが》い、同調主義的かつ集団主義的で権威に弱く、自律性・主体性に欠けるというイメージが定着してしまっているようだ。厚切りジェイソンもそう感じ、このツイートを行ったのだろう。

同調主義的だという日本人のイメージを表すものに次のようなジョークもある。[2]

ある豪華客船が航海の最中に沈みだした。船長は乗客たちに速やかに船から脱出して海に飛び込むように、指示しなければならなかった。

船長は、それぞれの外国人乗客にこう言った。
アメリカ人には「飛び込めばあなたは英雄ですよ」
イギリス人には「飛び込めばあなたは紳士です」
ドイツ人には「飛び込むのがこの船の規則となっています」

イタリア人には「飛び込むと女性にもてますよ」
フランス人には「飛び込まないでください」
日本人には「みんな飛び込んでますよ」

国際的に見て、日本人は、「おとなしく、自己主張をあまりしない」「周囲の顔色を窺うばかりで、自分の意見をはっきり言わない」「自律性・主体性を欠き、集団主義的で、個を尊重しない」といったイメージがやはりあるようだ。

「忖度」という言葉の流行

外国人だけではなく、多くの日本人も、同様の否定的イメージを自分たち自身について抱いている。少なくとも自律性という点では、自分たちの道徳や文化に自信を持っていないのだ。

「日本人は同調主義的で、権威に弱い」「集団主義的で、個性を重んじない」「周囲に流されやすく、一歩間違えば、軍国主義や全体主義に突っ走ってしまう」

こうした自己イメージは、さまざまなところで顔を見せる。

たとえば、2017年のユーキャン新語・流行語大賞の一つに「忖度《そんたく》」が選ばれた。この「忖度」という言葉の最近の使われ方の背後にも、日本人は権威に弱く、付和雷同的であるというイメージが垣間見《かいまみ》える。

安倍《あべ》政権と森友《もりとも》学園との近さから不当な便宜が図られたのではないかという報道があった17年春以降、それまでさほどメディアなどでは使われることがなかった「忖度」という言葉をよく目にするようになった。

「忖度」は、そこでは悪い意味を込めて使われる。「権威ある相手におもねって、その意を汲《く》み取る」という意味で用いられることが多い。

だが、もともとは「忖度」という言葉に特段、悪い意味はない。国語辞典を見ると、「(相手の気持ちを)おしはかること。推測」という語釈が掲載されている（『三省堂国語辞典』第七版）。つまり、他者の気持ちを推測し、おもんぱかるということだ。悪い意味どころか、むしろ「思いやり」「やさしさ」など日本人が伝統的に大切にしてきた道徳に密接な関係を持つ語なのである。

だが、近頃のマスコミでは、「権力者におもねって、その意を汲み取る」という意味で使われ、これがすっかり広まった。

私は、最近、よく耳にするようになった「忖度＝権威者におもねり、その意図を汲むこと」という使い方がどうも好きになれない。「忖度」やその背景にある「他者の心を推し量ること」を重視する日本の伝統的道徳意識を低く評価するジャーナリズムの冷笑的態度を奥底に感じるからである。

「忖度」を「おもねり」という悪い意味でもっぱら使う人々は、日本人の道徳意識自体を、「長いものには巻かれろ」的な、「権力者・権威者に対しておもねりやすく、オカミに弱い」もので、「ムラ社会的で遅れたものだ」、あるいは「自律的・主体的ではなく、同調主義的で他律的である」と暗に言いたいのではないだろうか。

進歩的文化人による日本社会批判

「日本人＝同調主義的で権威に弱い」というイメージは、戦後長らく、いわゆる「進歩的文化人」による日本社会批判に用いられることが多かった。いまでいうところの「リベラル派」「左派」の知識人による批判である。

日本人は、いまでもムラ社会的な体質が抜けきれておらず、自律性や主体性を確立していない。権威・権力や世間、周囲の多数派の意見に同調しやすい。一歩間違えば、戦前の軍国主義や全体主義に再び流されてしまう危険性もある。このような批判を、リベラル派の知識人やジャーナリズムの多くが展開してきた。

そういう事態に陥らないように、日本人を、自律性や主体性を持ち、確固とした自己を備えた近代的個人に変革しなければならない。欧米のような主体性を持った「市民」からなる社会へと日本社会を改造していかなければならない。このような議論がしばしば処方箋《せん》として提示されてきた。

たとえば、少々古いところでは、社会学者の南博《みなみひろし》は、『日本的自我』という著書のなかで次のように論じた。

「日本人の自我構造では、とかく外的客我の意識が強く、他人から見られている自分を意識しすぎる自意識過剰が、自我構造の全体に影響を与えている」[3]「自我不確実感は、大部分の日本人が共通にもつ性格特性であり、日本的な自我構造の基本的な特徴といえよう」[4]

南によれば、確固とした自分を持たず、周囲の他者の見解に引きずられやすいことこそが日本人の自己の特徴だというのである。

経済史学の大家であった大塚久雄《おおつかひさお》も、日本人は、自律性や主体性を欠く存在だと捉《とら》えてきた。大塚は、戦後民主主義をけん引した代表的知識人であるが、日本人の人間類型は

「近代『以前』的」だと見た。大塚は次のように指摘した。[5]日本の民衆は、従来、自発性や主体性を欠いた未成年者のような存在として扱われてきた。実際、民衆は、いたずらに支配者に従順であった。外側から支配者が権威を作ってやらなければ、自らの手で秩序を打ち立てることができない存在であった。

大塚によれば、第二次大戦後、日本は米国など外部から民主主義的制度を与えられたが、日本人の人間類型は近代以前のものに留《とど》まっている。それゆえ、戦後日本は、教育を通じて、遅れた人間類型を欧米人のような近代的なものに改造していかなければならない。「民衆を近代的・民主的な人間類型に意識的計画的に『教育』することが極めて緊要なこと」[6]だと述べる。すなわち、大塚は、オカミに従順であるばかりの日本人の人間類型を、自律性（自発性）や主体性を備えた民主的市民へと変えていかなければならないと主張したのである。

大塚は次のように問いかけ、日本社会の民主化、およびそれを支える近代的な自律性・自発性を備えた人間類型の創出の必要性を訴えた。「今やわが国が政治・経済・社会あらゆる分野にわたって徹底的に民主化されなければならず、また識者もまた一人残らず民主化を指導原理としているのであるが、民衆が一般にさきに述べたような『親心』的雰囲気の中にひたすら恭順な、自発性のない人間類型に打ち出されているかぎり、いったい民主主義は可能なのであろうか」[7]

『水戸黄門』人気も同調主義の表れ？

日本人は、オカミに代表されるような権威者の見解に従属しがちだと論じる識者も多かった。

戦後の著名なリベラル派の政治学者で、菅直人《かんなおと》元首相の政治思想上の師匠だとも言われた松下圭一《まつしたけいいち》は、かつて、テレビの時代劇『水戸黄門《みとこうもん》』の人気を取り上げて、日本人の権威への弱さや同調主義的性向の表れだとしばしば評した。[8]『水戸黄門』が人気を博しているのには、権威に迎合する日本人気質がよく表れているというのである。

たとえば、松下は次のように書く。「『水戸黄門』や大岡越前守がテレビなどマスコミの英雄でもある」[9]「農民や町人は問題につきあたったとき、政治的賢者に訴えればたちどころに解決され正義は実現する。さもなければ組織忠誠を貫徹する忠臣蔵である。ここでは農民や町人はこの政治的賢者にひれふす貧乏で無知な『田吾作』であり、武士は『忠臣』である」[10]

このように、日本人は、おしなべて自律性・主体性を欠き、集団主義的で、オカミなど権威に従順である。松下はそのように捉えたうえで、日本人の人間類型を、民主主義を支えるのにふさわしい自律性・主体性を備え、個を確立した、欧米社会に見られるような近代的市民へと変革していかなければならないと訴えた。

松下も、先の大塚と同様、人々の自律性・主体性という点では、日本の文化や社会を非常に低く評価していたのである。

いわゆるリベラル派の人々の日本人の自律性に対する不信感が現在でももっともよく表れるのは、改憲をめぐる議論かもしれない。リベラル派の人々には、護憲の立場をとる者が多い。特に、平和主義を定めた第九条をいじることを嫌がる。

護憲派の人々によく見られるのは、日本人が自分たちの手で憲法を作れば平和主義的なものとはならないという危惧《きぐ》だ。改憲後の日本は、戦前のように好戦的・侵略的な「いつか来た道」を再び歩むことになってしまいかねないという恐れを護憲派の多くは抱いている。時局に流されやすい日本人は、日本国憲法という重しがはずれれば、また軍国化の道を歩み、近隣諸国に迷惑をかけることになりかねないというわけだ。この種の自己不信の念が、護憲に固執する大きな理由の一つであることは否定できないだろう。

「右派」も信用していない日本人の自律性

日本人は同調主義的で流されやすいという見解は、左派（リベラル派）だけのものではない。日本の道徳や文化に愛着をもち、誇りをもっているると思われているいわゆる右派（保守派）に分類される人々にも、少なからず見られる。「日本人は自律性を欠き、同調主義的だ」という見方が、実際の政策選択の場面で一定の影響力を持ってきた。

たとえば、１９９０年代半ばごろから日本は自民党をはじめとするそのときどきの与党が音頭をとり、「グローバル・スタンダード」を目指す社会や経済の改革を進めてきた。現在まで続く「構造改革」の路線をとるようになったのである。この路線をとるようになった一つの理由は、次のような見方だといえる。

日本人は、自律的な道徳を欠いており、同調主義的・集団主義的である。これを改めるために、社会や経済の仕組みを変革し、自律的な個人からなるとされる欧米市民社会のようなものへと日本社会のあり方を変えていかなければならない。これが構造改革路線をとる一つの動機であり、正当化だったのである。

その意味で、１９９０年代半ば以降の構造改革路線は、自民党などその時点での与党が担ったと言っても、動機や目標としてはリベラル派の戦後知識人やジャーナリズムが訴えてきた戦後日本の民主化という路線の延長線上にあるものだと見ることができる。

実際、経済史学者の小田中直樹《おだなかなおき》は、この点に着目し、先ほど私が引用した大塚久雄の言葉にある「民主化」「民主主義」を「構造改革」に置き換えても、そのまま成り立つのではないかと述べている。[11]「今やわが国が政治・経済・社会あらゆる分野にわたって徹底的に構造改革されなければならず、また識者もまた一人残らず構造改革を指導原理としているのであるが、民衆が一般にさきに述べたような『親心』的雰囲気の中にひたすら恭順な、自発性のない人間類型に打ち出されているかぎり、いったい構造改革は可能なのであろうか」。私も、小田中と同様、この文章が終戦間もない頃ではなく、つい最近の新聞や論壇誌に掲載されたものだとしても、まったく違和感はないと思う。

日本人は自律性・主体性を欠き、同調主義的かつ集団主義的である。これを改めるために、大規模な社会変革を行わなければならない。そうした「日本人＝同調主義的で権威に弱い」という前提に基づく社会改造志向こそが、リベラル派・左派のみならず保守派・右派にも共通する、現在までに至る戦後政治を貫く一大テーマなのである。

グランド・キャニオンと自律的個人

現在まで続く構造改革路線の背後に、自律性・主体性を欠く日本人を変革し、より近代的な市民からなる日本社会を創出しなければならないという発想があることをわかりやすく示すものに、当時・自民党の有力議員だった小沢一郎《おざわいちろう》が著した『日本改造計画』（93年）という本がある。この本は、小沢が自らの政策を広く国民に問うたもので、70万部を超える異例の売り上げを記録した。経済面では新自由主義的な構造改革路線、内政面では政権交代可能な二大政党制を可能とする政治改革や地方分権といった主張が盛り込まれている。これらは90年代以降、現在にまで至る政治課題のあり方を先取りしたものだといえる。それまでの日本型システムを変革し、より米国的な制度を導入しようとする動きを後押しした。これらの主張の背後にあったのは、確固とした自己を打ち立てていない日本人を、より自律的な個人にするために改革が必要だというものだった。

『日本改造計画』では、印象的で、その後もよく取り上げられたエピソードが冒頭に記されている。次のようなものだ[12]。

小沢は、『日本改造計画』を書く少し前に、米国の景勝地グランド・キャニオンを訪れたという。グランド・キャニオンは、日本では見られないほどの切り立った崖《がけ》が幾重にも続いている。それぞれは目が眩《くら》むほどの高さがある。観光客は、崖の上を歩き、壮大な景観を楽しむ。

小沢が驚いたのは、グランド・キャニオンには、転落防止用の柵《さく》やガードレールといったものが見当たらなかった点だ。日本であれば、崖の下を覗《のぞ》き込んだ観光客が誤って転落してしまわないように、管理者が用心深く柵やガードレールを張り巡らしたであろう。

この相違に触れつつ、小沢は、米国は個人の自由を重んじ、自律性を尊重する成熟した社会だと論じる。米国人は、自己責任原則をきちんと理解し、管理者による規制を好まない。米国人は日本人よりも自律的であり、すばらしいというのである。

対照的に、日本では、政府などの管理者が、個人の行動を前もって規制・監督しないと気が済まない。日本国民の多くも政府が規制や監督を行うことを当然だと思っている。政府をあてにし、依存するのが当たり前になっている。

小沢は、ことはグランド・キャニオンに限ったことではなく、それぞれの社会全般にこうした相違は見られるという。日本社会は、政府が国民を子どものように扱い、規制・監督を行う。国民のほうもそれにどっぷりと依存している。これは望ましいことではなく、日本ももっと米国のように自律的で自己責任原則に貫かれた個人主義の社会にならなければならないと小沢は訴えたのだ。

『日本改造計画』は大きな影響力を獲得し、その後、日本では、構造改革が必要だという声が大きくなった。自律的で好ましいとされる米国型の社会や経済のあり方を目指して改革の道を突き進んでいくことになった。

「外圧」を求める心理の背後にも

他にも、「保守派」といっていいのかどうか判断に迷うが、官僚のなかにも、日本人の自律性を信用しない人々は少なくない。最近でもそうだ。

たとえば、日本人は自律性を欠くという前提に立った議論の一つに「外圧」を歓迎するものがある。日本人は自律性に欠け決断できない。だが、権威に弱く同調主義的なので、米国などからの外圧があれば改革が進む。このようなものだ。

評論家の中野《なかの》剛志《たけし》は、TPP導入などの構造改革を進めるため、米国などからの外圧を期待する日本の官僚がいたと指摘している。たとえば、ある元・高級官僚は、TPP参加に賛成だという文脈で「日本という国を考えてみたら、ずっと外の力によってしか変わっていないのではないだろうか」と発言したそうだ。[13]日本は、国益に関する重要事項でも自分たちだけでは決定できない。自律性を欠いていると同時に、外部の圧力には同調しやすいので、改革促進には外圧が有効かつ必要だというのである。

ナショナル・アイデンティティの不安

以上見たように、日本人にも、米国など欧米の見方を内面化してしまったのか、自分たちを自律性に欠け同調主義的だとみなす者が多い。日本人自身、自分たちの文化や道徳意識に基本的なところであまり自信を持てず、不安や不信を感じている。この点は、リベラル派だけではなく保守派とされる人々にも共通している。ナショナル・アイデンティティに対する不安を抱いていると言ってもいいだろう。そして、「日本人に自律性を確立させるために必要だ」という理由づけが実際の政治の場面でも一定の影響力を持ってきた。

自分たちの文化や道徳意識に不安や不信を感じているという現状は、当然ながら好ましくない。たとえば、これから憲法改正の論議が本格的に始まるようだが、このままで十分な議論ができるだろうか。日本人が「自分たちのもの」という愛着を抱くことのできる憲法を作るためには、日本の文化や道徳、慣習、伝統を反映したものでなければならないが、それらに不安や不信を抱いているのが事実であれば、満足いく憲法は作れないだろう。

ナショナル・アイデンティティに対する不安は、国際的場面でも影響する。国の基本原理である憲法さえ自分たちの手で作れないとしたら、日本が国際社会でリーダーシップを発揮するのは非常に難しい。リーダーシップを発揮するためには、日本が率先して、何らかの国際的ヴィジョンを描き出し、その実現に向けて他国を説得していかなければならない。自分たちの文化や道徳意識に対してどこか不安や不信の念を持っているとしたら、日本はこういう作業を国際社会で行っていくことはできないだろう。

政治や外交だけでなく、もっと日常的な生活の場面でも、この自信のなさは影響を及ぼすだろう。たとえば子育てや教育の場面である。

日本の教育は同調主義的で子どもの自律性の育成を重視していないという厚切りジェイソンの冒頭の批判に賛同してしまう日本人は多いのではないだろうか。あるいは、ジェイソンの指摘に対して「いや、ちょっと悪く言い過ぎでは？」という疑問を感じつつも、反論をうまく言葉にできずだまってしまう人も少なくないと思われる。

実際、しつけや子育ての場面で、困惑を感じている人は多いのではないか。日本では、昔から「やさしい子」「素直な子」「人の気持ちによく気がつき、配慮できる子」が好まれてきた。今でも、若い母親や父親、あるいは学校の教師にどういう子どもに育てたいかと尋ねれば、おそらく「やさしい子に育てたい」という回答が最上位にくるだろう。

その一方で、最近は、自己主張できることが大切だということもよく語られる。小学校でディベート教育が取り入れられる流れもある。「人の目を気にしてはいけない」ということが言われることも多い。

多くの親や教師は、子どもを前にして、迷うことが多いのではないだろうか。昔ながらの「やさしい子」「人の気持ちによく気がつく子」を育てるべきなのか、それともグローバル化が叫ばれるご時世だからということで、自己主張が強く、人の目を気にしない子を育成するべきなのか。すなわち、自分たちの道徳意識・感覚に自信が抱けなくなっているのではないだろうか。

ベネディクトの呪縛

「日本人＝同調主義的で権威に弱い」という見解の起源として、あるいは論拠として挙げられることが多いのが、米国の文化人類学者ルース・ベネディクトの『菊と刀』という本である。

『菊と刀』は、終戦直後、日本でベストセラーになった。また、その後の学問的な、あるいは一般読者向けの日本文化論に非常に大きな影響を与えた著作である。

米国は、そのときどきの外交上の敵国の研究に力を入れる傾向がある。たとえば、冷戦中はソビエト、最近では中国の研究に力を入れているが、第二次大戦中は当然ながら日本文化の研究に力を注いだ。ルース・ベネディクトの『菊と刀』は、対日戦争の勝利、およびその後の占領政策を円滑に進めるために日本についての知識を得ようという動機で始められた研究成果の一つである。

占領政策を円滑に進めるという目的に照らせば、『菊と刀』の出版自体がこの目的の達成に寄与したといえるかもしれない。「日本人は同調主義的で自律性に欠ける」、あるいは「周囲の他者の目を気にするだけで確固とした倫理的基準を持たない」といった『菊と刀』の主張は、敗戦に打ちひしがれていた終戦直後の日本人に瞬く間に浸透した。この見方を受け入れた日本人の多くは、自分たちの文化に対する自信をますます喪失し、欧米と比べ、自分たちは道徳的に劣っているのだと考えるようになった。

このような見方が日本人の間に広まったことは占領政策を容易にしたであろう。たとえば、国際政治学者の中西輝政《なかにしてるまさ》は、『菊と刀』が戦後の日本人を呪縛《じゅばく》し、「自虐的な思考の枠組み」の元になったとまで述べている。[14]

次章では、ベネディクトの『菊と刀』を批判的に吟味することを通じて、日本人の自律性という問題を検討していく。そして、ベネディクトの見解が一方的・一面的であったこと、また、欧米で支配的なものとは形態が異なるものの、日本にもやはり自律性と呼び得る理念が存在することを明らかにしたい。加えて、日本の多くの人々は、そうした自律性の理念の追求が大切であると、半ば暗黙裡《り》にかもしれないが、考えてきたことを示したい。こうした議論を通じて、日本人の道徳的自信を回復し、「ベネディクトの呪縛」を少しでも解いていきたいと思う。

第二章　日本文化における自律性

――ベネディクト『菊と刀』批判を手がかりに

「恥の文化」と「罪の文化」

まず、著者である文化人類学者ルース・ベネディクトとは、どういう人であったのか。

ベネディクトは、1887年に米国のニューヨークで生まれた。幼い頃に父を亡くし、教師であった母に育てられた。1909年に名門女子大であるヴァッサー大学を卒業し、その後、14年に結婚し、主婦生活を送っている。19年からコロンビア大学などで人類学を学び、36歳の時、同大学大学院から博士号を取得し、同時にコロンビア大学の教員になった。

第二次大戦中の43年に、米国戦時情報局に赴任し、そこで敵国研究の一環として日本文化研究に取り組み始めた。

『菊と刀』は、終戦後の46年に出版されている。日本語訳が最初に出たのは48年だが、同年にベネディクトは61歳で亡くなっている。

『菊と刀』は、全部で13章からなる。それぞれの章は興味深い論点を多数含んでいる。なかでも、第10章「徳のジレンマ」で展開されているのだが、「恥の文化」と「罪の文化」という二分法を用いて日本の道徳意識の特徴を欧米と比べて論じた部分は、よく知られている。この区分、また日本文化を「恥の文化」として特徴づけたことは、本書の主題である「日本人の自律性」を考えていくうえで非常に大切である。したがって、これに関するベネディクトの記述を中心に見ていきたい。

ベネディクトは、さまざまな文化の道徳意識のあり方を説明するために、「恥の文化」と「罪の文化」という区分を導入した。[1]これによれば、日本文化は「恥の文化」として、他方、プロテスタントの影響を強く受けた米国の文化は「罪の文化」として、分類される。ベネディクトは、「恥の文化」とは「外面的強制力にもとづいて善行を行なう[2]」文化だと説明する。

ここで「恥」とは、「他人の批評に対する反応」とされ、「人は人前で嘲笑され、拒否されるか、あるいは嘲笑されたと思いこむことによって恥を感じる[3]」と論じられている。また、ベネディクトは、「恥が主要な強制力となっているところにおいては、……悪い行ないが『世人の前に露顕』しない限り、思いわずらう必要はない……[4]」と述べる。ベネディクトの説明によれば、「恥の文化」とは、ものの善し悪しを判断する際に、他者の目や世評を基準とする外面的道徳が支配的な文化なのである。すなわちベネディクトは、「恥の文化」とは、同調主義的で他律的な道徳観を有する文化だと規定していると言える。

他方、「罪の文化」とは、プロテスタンティズムの文化に特徴的に見られるような、「道徳の絶対的標準を説き、良心の啓発を頼みにする」[5]文化だと説明される。「罪の文化」では、先験的に存在する道徳の絶対的原理に確信を持って従うことが道徳的行為であると考えられる。したがって、他者の目や世評を気にかけて行為するようなことは、「罪の文化」では、「道徳の弛緩」[6]、つまり堕落であり、望ましいことではないと理解されるとベネディクトは述べる。ベネディクトは、「罪の文化」こそ、非同調主義的で自律的な道徳的思考・振る舞いを可能にする文化だと考えていたのである。

ベネディクトは、日本文化は「恥の文化」であり、他方、欧米文化、特に北米のプロテスタントの影響の色濃い文化は「罪の文化」だと論じる。ベネディクトは、日本文化が「恥の文化」であることについて以下のように述べ、その同調主義的、他律的性格を強調する。

「日本人の生活において恥が最高の地位を占めているということは、……各人が自己の行動に対する世評に気をくばるということを意味する。彼はただ他人がどういう判断を下すであろうか、ということを推測しさえすればよいのであって、その他人の判断を基準にして自己の行動の方針を定める」[7]

ベネディクトの分析に対する疑問

しかし本当に日本人は、同調主義的で外的権威に従属する傾向が非常に強いのだろうか。多くの日本人にとって、このような疑問が直ちに湧いてくると思う。

私も、ベネディクトのこうした日本の道徳意識の説明は一方的だと感じる。自律的精神を推奨する一面も色濃く有する武士道の存在や、明治以降の非常に難しい歴史的状況のなかで不屈の精神で列強からの独立を守ったことなどを考えても、日本人が同調主義的で他律的であると断ずるのはものの一面しか見ていない判断であると言わざるを得ないのではないか。

他に、現在の日本を考えてみても、やはり「ものづくり」大国であり、世界有数の特許大国でもある。[8] 言い換えれば、（ちょっと意外かもしれないが）世界に誇る創造性を有する国民だということができる。つまり、自分の頭で思考し、それを形にする能力を有する面も大いに持っているということができるであろう。

日本人の道徳意識は、他律的で同調主義的であるというベネディクトの見解は、再考し、見直す必要があると言える。ベネディクトの議論を批判的に吟味し、日本人の自律性についてあらためて考えていく必要がある。

関係を重視する自己観（人間観）

ベネディクトの見解を、現代の社会心理学や比較文化論などの知見を参考として用いつつ、検討していきたい。

まず、それらの分野で非常に多く指摘されている日本で優勢な自己観と道徳観について見ていきたい。「恥の文化」の概念を、そうした自己観と道徳観との関連であらためて捉《とら》え直し、整理するためである。そして、日本文化において優勢な道徳観を明らかにしたうえで、日本で特徴的に見られる自律性の形態について説明したいと思う。

多くの日本文化研究の蓄積によると、日本で優勢な自己観と、米国を中心とする欧米で優勢な自己観には相違がある。

ここで、「自己観」とは、人間の自己というものをどのように捉えるか、その見方を意味する。「人間観」と考えても差し支えないだろう。

南博や濱口惠俊《はまぐちえしゅん》といった社会学者、あるいはT・S・リブラやN・R・ローゼンバーガといった文化人類学者が共通して述べていることだが、日本では、自己を関係的に、つまり他者との関係性や社会的役割などといった状況における事物との関連で理解する傾向が強いと言われている。[9]他方、北米を中心とする欧米では、自己を周囲の状況から切り離され、独立したものとして、つまり実体的観念として捉える傾向が顕著であるとされている。[10]

「相互独立的自己観」と「相互協調的自己観」

社会心理学者の北山忍《きたやましのぶ》や彼の共同研究者は近年、欧米文化において支配的な自己観と日本文化において支配的な自己観とのこうした相違を、数多くの社会心理学や文化人類学における実証的研究に依拠し、学術的により洗練された形で論じている。[11] 北山らは欧米文化で支配的な自己観を「相互独立的自己観」と称し、日本をはじめとする東アジアで支配的な自己観を「相互協調的自己観」と称する。

北山らの研究によると、これら二つの自己観の中心的相違は、状況や他者との距離の度合いにある。

相互独立的自己観では、それらとの距離は相対的に大きいとされる。つまり、自己は、状況や他者との関係性から分離した自己充足的・自己完結的な実体として認識される傾向が強い。ここでは、自己は、状況にかかわらず比較的不変の内的属性とされるもの（たとえば、能力、才能、動機、性格的特性など）との関係で定義されがちである。

他方、相互協調的自己観の下では、自己と周囲の状況や他者との関係性との距離は比較的小さい。すなわち、自己は、周囲の状況や他者と密接に結びついたものと知覚され、それらとの関連で規定される傾向が強い。

言語習慣に表れた自己観の相違

少々抽象的な説明が続いたので、もう少しわかりやすい話をしよう。

内外の日本文化論の研究者の多くが、日本文化におけるこうした相互協調的自己観の優勢さを明らかに示すものとして、言語社会学者の鈴木《すずき》孝夫《たかお》や精神医学者の木村《きむら》敏《びん》によって指摘された日本語の特性について言及している。[12] 日本語における一人称や二人称の代名詞の豊富さとその使用の仕方の状況依存性についてである。

英語やラテン語をはじめとするヨーロッパ言語の大部分は、一人称代名詞を一語のみ、二人称代名詞を一語あるいは二語しか持たない。また、通常の場合、これらの代名詞は会話において省略されない。

他方、日本語には、一人称代名詞として「私、僕、わし、小生、てまえ」、二人称代名詞として「あなた、きみ、貴様」などさまざまなものがある。それらは人が置かれた関係や相手との状況に応じて使い分けられる。加えて、こうしたいわゆる代名詞以外にも、親族名称や役割名称などが自分や会話の相手を指すためにしばしば用いられる。たとえば、自分の子どもの前で父親が自分のことを称するのに「お父さんは……」と言ったり、小学校の教師が児童の前で自分のことを「先生」と呼んだりする場合が挙げられる。また、会話の相手を指す場合でも、「社長」「課長」「先生」「お母さん」「お姉ちゃん」など職場や家庭での役割を指す言葉を用いることが多い。

鈴木や木村は共通して、こうした言語的特性は人々の自己観と密接に関係していると述べる。

話し手が自分に言及する言葉が"I"や"ego"などの一つの一人称代名詞に固定している英語やラテン語などのヨーロッパ言語を用いる文化にあっては、「話し手の言語的自己規定が、相手及び周囲の情況とは無関係に、自発的独立的になされる」[13]「一人称代名詞が例えばアイの一語だけであるということは、自分というものが、いつ、いかなる事情においても、不変の一者としての自我でありつづけるということを意味している」[14]。

つまり、自己は、状況や他者との関係の認識に先んじて、それとは独立に規定されることが表現されている。

他方、状況や会話の相手との関係性において柔軟に自分を指す言葉を使い分けなければならない日本語では、自己規定は状況や他者との関係の認識の後にはじめてなされると理解できる。

「日本語においては、そして日本的なものの見方、考え方においては、自分が誰であるのか、相手が誰であるのかは、自分と相手との間の人間的関係の側から決定されてくる。……自分が現在の自分であるということは、けっして自分自身の『内部』において決定されることではなく、つねに自分自身の『外部』において、つまり人と人、自分と相手の『間』において決定される」[15]

すなわち、自己は、常に状況や他者との関わりのなかで認識され、規定されるという日本文化において優勢である相互協調的自己観が言語に如実に反映されていると木村や鈴木は捉えるのである。

「原理重視の道徳観」と「状況重視の道徳観」

次に、欧米との比較で日本文化において支配的と言える道徳観について見ていこう。

社会心理学的研究によれば、自己観と道徳観には密接な関係があると言われている。[16] 具体的には、欧米で優勢な相互独立的自己観は、「原理重視の道徳観」と結びつきが強いと言われる。他方、日本で優勢な相互協調的自己観は、「状況重視の道徳観」と関係が深いと指摘されている。

「原理重視の道徳観」とは、道徳的思考・判断の際に、状況を超越した原理――たとえば、公正さや普遍的平等、人権などの原理――を強調する見方である。

相互独立的自己観の下では、個人は状況特殊的な人間関係や社会的役割から本質的に分離している存在だと考えられる。そのため、個人の高次の道徳的責任は、その人の埋め込まれている人間関係や社会的役割からは区別され、状況超越的な原理・原則に沿うべきものだと捉えられる。ゆえに、原理重視の道徳観と相互独立的自己観は、結びつきやすいと言える。

一方、「状況重視の道徳観」とは、状況超越的な原理・原則ではなく、具体的人間関係や他者の気持ち、自分の社会的役割などの状況における具体的事柄を道徳的思考の際に重視する道徳観を意味する。

相互協調的自己観の下では、自己は、他者との関係性や社会的役割などとの関連で理解される。したがって、この自己観の優勢な社会では、道徳というものも、第一義的には、他者との関係の調和を保ったり、自己の社会的役割を円滑に果たしたりすることであるとみなされる傾向が強い。つまり、道徳とは自己の置かれた具体的状況において適切な行為を行うことだと理解される傾向が顕著なのである。そのため、相互協調的自己観の優勢な文化では、状況を重視する道徳観が広く見られるようになると言われている。

状況を重視する道徳観では、他者や世間の視線、自分の置かれた社会的役割に対する他者の期待、あるいは他者の気持ちに配慮することが、道徳的行為を遂行するうえで重要な要素となる。また、明示的・言語的に語られなくても、他者の期待や感情や思考を敏感に察知し読みとるために必要な感情移入の能力――「思いやり」の能力――の獲得が要求される。[17]

なぜなら、道徳的に考えたり行為したりする際の枠組みとなる状況とは、交錯した人間関係の網の目や自他の社会的役割に対する複雑な意味や期待などからなる非常に多義的なものである。それゆえ、状況適合的な行為をなすためには、状況に関する世間や他者の解釈や自己の行為に対する反応を常に参照し、敏感に察知する必要があるからだと言うことができる。また、他者の気持ちのあり方は、人間関係の調和を保っていくうえで参照すべき重要な事項であり、状況の構成要素として大きな位置を占めるからでもある。

日本で優勢な状況重視の道徳観

内外の多くの日本文化研究者は、日本で支配的な道徳観とは、原理重視の道徳観ではなく、状況重視の道徳観であると指摘してきた。[18] 多くの社会心理学や発達心理学の研究によっても、このことは実証的に示されている。[19]

つまり日本では、ものの善し悪しを判断する際に、人間関係や他者の気持ち、社会的役割のあり方などの具体的文脈における諸種の状況特殊的事柄を重視する傾向が強いということだ。たとえば、発達心理学者の東洋《あずまひろし》は、道徳判断の際に、人の気持ちを重視することを指して、日本文化を「気持ち主義」の文化であると称する。また、文化人類学者のリブラは、人の気持ちを敏感に察知することが日本の道徳では非常に重視されていることを指して、日本文化とは「思いやりの文化」であると論じた。[20]

ベネディクトが、日本文化を「恥の文化」だと称したのは、このように、状況重視の道徳観が優勢だという点に着目したためだと言える。なかでも状況重視の道徳観の特徴の一つである他者や世間の視線や他者の気持ちに常に配慮する傾向に着目したためだと言うことができるだろう。

子育てや学校教育の特徴

日本において顕著なこうした状況重視の道徳観は、文化的特徴として存在するだけでなく、家庭や学校のしつけや教育という社会構造・制度によっても支えられている。そして、世代から世代へと受け継がれていると言える。

教育心理学や発達心理学、文化人類学の実証的知見によれば、日本の家庭や学校におけるしつけ・教育の場面では、道徳的行為・思考の際に人間関係や他者の気持ちに配慮することの重要性を強調し、子どもにそうした配慮を教え込もうとする傾向を広範に見て取ることができる。

たとえば、発達心理学者のR・D・ヘスや東洋らによる日米の母親の家庭でのしつけ方に関する実証研究によると、日本の母親は子どもの行動を注意し制御しようとする際に、米国の母親に比べ、他者の気持ちに訴えかける傾向が強い。[21] 日本の子どもは米国の子どもに比べて、はるかに多くの機会に他者の気持ちを推し量って行動するようしつけられているのである。

ここで、彼らの研究で用いられているわかりやすい例を一つ取り上げよう。子どもが好き嫌いをして母親が作った野菜料理を食べようとしないときに、母親がどのように子どもを説得し食べさせようとするか、その方法に関して日米のしつけ方を比較した例である。

米国の母親はこのような場合、典型的には、母親の親としての権威に訴えかけることにより、子どもに野菜を食べさせようとする。たとえば、「母親である私が食べなさいと言っているのだから、食べなさい」という言い方をするというわけだ。

米国の子育ては日本よりも個人主義的（「相互独立的」）な前提で行われる傾向があるため、しつけや教育の場面でも、個と個のぶつかり合いと見る。子どもであっても、独自の自我や欲求を潜在的に備えた主体として見るのである。そこでは、親としての、あるいは大人としての権威をもって子どもに訴えかける手法が好まれる。また、性悪説的前提に立ち、ともすれば堕落しがちな性向を持つ存在としての子どもを断固とした自信ある態度で善導しようとする傾向がある。[22]

一方、日本の母親に特徴的な反応は、他者の気持ちに言及することにより、食べさせようとする手法である。

たとえば、「せっかく一生懸命料理したのに、○○ちゃんがしっかり食べてくれないとお母さんは悲しいな」、あるいは「お百姓さんが苦労して作った野菜をきちんと食べてあげないと悪いわよ」などの言い方である。こうして、他者の感情や気持ちに子どもの注意を向けさせることにより、子どもの行動を改めさせようとするのである。
子育ての他の場面でも、類似した傾向は数多く見られる。文化人類学の研究でよく指摘されることだが、日本の子育ての方法における顕著な特徴の一つは、自分を見つめる他者の視点の存在を子どもに意識させることである。それも、身近な他者の視点ではなく、疎遠な第三者の視点を重視し意識させ、子どもの行動を改めさせようとする傾向があると報告されている。[23]
加えて、前述のとおり、多くの日本文化研究においてたびたび指摘されてきたことに、日本では、他者への感情移入能力（「思いやり」の能力）を、人間が身に付けるべき能力として非常に強調する傾向がある。[24] 日本の親は、子どもに、「やさしい子」「素直な子」「人の気持ちによく気がつく敏感な子」になってほしいと願う。
学校教育の場でも日本では、さまざまな機会を通じて感情移入能力の発達が目指される。教育社会学者の恒吉僚子《つねよしりょうこ》の日米の初等教育の比較研究によると、感情移入能力の発達を非常に重視することは、米国と比べた場合の日本の初等教育の最も大きな特徴の一つとして挙げられる。[25] 他者への感情移入能力の発達は、日本の初等教育における授業、学級会活動、班活動の大きな狙いの一つであると見ることができる。

国語教科書の国際比較の結果も、日本の学校における半ば暗黙裡《り》の道徳教育の特徴を知る上で興味深い。教育心理学などの分野では、国語教科書、特に初等教育における国語教科書の登場人物やその行動は、当該社会の一般の人々の感覚から乖離《かいり》せず支持されやすい人物像や規範となる行為を暗黙裡に反映していると捉えることができるとされている。[26]

今井《いまい》康夫《やすお》の分析に基づけば、日本の教科書では、互いに気持ちを察し合い譲り合う温かい人間関係が数多く描かれている。一方、米国の教科書で強調されているテーマは、公正や平等、強い意志、自律、自己主張などであり、利害を異にする個人相互の対立・葛藤《かっとう》、ならびにそうした対立・葛藤の交渉を通じた公正な解決の過程を扱ったものが多く見られる。[27]

また、塘利《ともり》枝子《えこ》らの日英の教科書の比較分析も類似の知見を導いている。日本では、自らの要求や行動に対立するような見解や出来事が生じた場合、他者の気持ちや状況をうまく読み取り、自分の従来のものの見方に固執せず、事態や周囲の環境に適合するように自分のものの見方を能動的かつ柔軟に変化させ、周囲と折り合いをつけるための新たな意味づけをするような主体的・積極的行為を、行為の規範的モデルとして設定する傾向が強い。[28]

二つの対立する見解

以上、日本文化研究や社会心理学の知見に基づき、自己観と道徳観に関する日本の文化的特徴、およびそれを支えるしつけや教育の特徴を見てきた。また、ベネディクトが日本文化を「恥の文化」と称したのは、状況重視の道徳観が優勢であるという点、特に他者の視点や気持ちへの配慮を重視するという特性に着目したためだと理解できるということも述べた。

自己観や道徳観にこうした特徴が見られる文化を身に付けた日本人は、ベネディクトが断定したように他律的で同調主義的なのだろうか。

ベネディクトと同様に、そう解釈する日本人研究者もいる。たとえば、前章で言及した社会学者の南博や、法学者の川島武宜《かわしまたけよし》といった人々である。[29]

他方、そうではない、つまり日本人には自律性が欠如していて同調主義的だと解釈するのは一方的過ぎると論じる研究者もいる。たとえば、さきほども言及した文化人類学者のリブラや心理学者の東洋である。ほかに、社会学者の作田《さくた》啓一《けいいち》や歴史学者の会田《あいだ》雄次《ゆうじ》といった人々も挙げられる。[30] これらの研究者は、欧米で一般的なものとは異なる形態かもしれないが、日本にも自律性の理念は存在すると論じる。また多くの日本人にとって自律性の獲得は可能であるし、望ましいものとされてきたはずだと述べる。
彼らは、ほぼ共通して、日本文化において見られる自律性の獲得について次のような説明をしている。すなわち、人は、徐々に他者の目や世間の目を内面化するようになる。そして、その内面化を通じて、周囲の特定の他者や世間の見解に左右されない自律性を獲得するに至るという趣旨の説明である。

本章では、これ以降、状況重視の道徳観の優勢な文化における自律性の形態とその獲得のメカニズムを見ていきたい。東やリブラらのように、状況重視の道徳観の支配的な文化においてもある種の自律性の獲得は可能であると示唆する研究者もいる。しかし残念なことに、彼らの議論は、その方向性はほぼ正しいと思うが、それほど体系的な説明を展開しているわけではない。

状況重視の道徳観を有する文化における自律性獲得のメカニズムを最も体系的でわかりやすく説明していると私が考えるのは、米国の社会学者G・H・ミードの社会的自己の理論や、ミードの理論形成に大きな影響を与えた英国の経済学者アダム・スミスの道徳論である。

なぜスミスとミードか

日本において優勢な自己観や道徳観に基づく自律性の理念について述べる際に、欧米の理論家であるスミスやミードの議論を持ち出すことに奇異の念を覚える方が多いかもしれない。しかし、それほど奇異ではない。なぜなら、日本的自己観と、社会関係の中で自己を捉えるミードの理論との類似性、あるいは日本的自己観を理解する際にミードの社会的自己の理論を参照することの有効性は、日本文化の非常に多くの研究者によって指摘されているからである。[31]

また、ここで私は、「アダム・スミスやミードの議論」と両者の議論をひとまとまりに話しているが、これも理由のないことではない。ミード自身が、スミスの代表的著作の一つ『道徳感情論』から多くを学び、社会的自己の理論を構築したと述べているからである。[32]

ミードやスミスの議論は、多様な他者の視点の内面化を通じた自律性、いわば「恥の文化」における自律性の獲得のメカニズムを明確に示している。したがってここでは、ミードやスミスの議論を援用しつつ、相互協調的自己観や状況重視の道徳観の優勢な文化における自律性獲得のメカニズムを明らかにしてみたいと思う。

自律性獲得のメカニズム

スミスによれば、人は、自己の感情や行為に対する他者の同感を欲し、それを得ようとする傾向を本来的に持っている。ここで「同感」とは、想像力によって人が自分を他者の状況に置き、自分であったらその状況においてどのように感じ、行為するであろうかと仮想し、その想像上の自分の反応と他者の実際の反応とが一致するときに生じる感情である。他者の同感を得るために、人は、他者の視点から自分の状況を見ることを学んでいく。[33]すなわち、人は自己の状況を見つめる他者の視点を徐々に内面化していくこととなる。

ミードが示唆するように、この他者の視点の内面化の過程は、両親のような非常に親密な他者の視点の内面化から、友人や教師や近隣の人々という比較的疎遠な人々の視点の内面化へと進んでいき、ついには社会におけるさまざまな人々の視点を整理し組織化したものであるいわゆる「一般化された他者」の視点を内面化するに至る。[34]すなわち、社会一般の人々の典型的なものの見方、つまり日本語で言うところの「世間の目」の内面化と言えるだろう。「一般化された他者」の視点を内面化し、そこから自分を見つめることにより、対象としての自己、つまりミードの用語で言う「客我」を獲得する。この過程を通じ、人は、自己や自己の周囲の状況を客体として見ることができるようになるのである。

スミスやミードの議論は、「一般化された他者」、つまり「世間の目」の内面化のプロセスを重視するが、決して世間への無批判な同調を促すものではない。人が、内面化した世間の目から自己と自己の周囲の状況を見つめる見方と、実際の世間がその人とその人の状況を見つめる見方とは、必然的に乖離していく。[35] なぜなら、人は、自己自身や自己を取り巻く状況について、世間の人々よりも一般によく知っている傾向があるからだ。たとえば、ある人の好みや過去の行動、行動の細かい動機などについての情報は、実際の観察者である世間の人々が入手することは難しく、当人自身のほうがよく知っている場合が大部分であろう。逆に、人が自分自身や周囲の状況を見つめる視点は、自分以外の周囲の状況の細かな事情を軽視あるいは無視しがちであり、自分に都合のよいものとなる傾向があることもこの乖離の理由として挙げられるだろう。

このようなことから、ある人が内面化した「一般化された他者」の視点から自分を見つめる視点と、実際の世間の人々がその人を見る視点とは、時間の経過とともに必然的に乖離していくと考えるのが妥当だと言える。ひとたびこの乖離の事実に気づくと、人は、内面化した「一般化された他者」の同意（つまり自分自身を見つめる自分の同意）や実際の観察者である現実の他者や世間の同意だけでは満足できなくなる。

どちらとも異なる、関連する状況についての知識を十分に持った他者の観点から、すなわち想像上の理想的な第三の観察者、スミスの用語で言うところのいわゆる「公平な観察者」からの同意を欲するようになると言える。単なる自己満足、あるいは状況に対する十分な知識を有していないと思われる他者や世間からの賞賛では満たされず、当該状況において真に賞賛に値するものに自分の思考や行為を近づけることを目指すようになるのである。

つまり、「自分自身を、他の人びとがわれわれを見る見方で、すなわち、もしかれらがすべてを知っていたならば見ただろうような見方で[36]」見つめようと、すなわち、自分を見つめる視点を、「公平な観察者」の視点に近いものにしようと努めることになる。

ここに、自律的な思考や行為の契機を見出《みいだ》すことができるであろう。状況に関する自分や他者や世間の多様な見解を批判的に吟味し、自己を取り巻く状況についてのよりよき認識を求め、その認識の下で真に状況に適《かな》った思考や行為を目標とし、模索するようになるのである。そうした真に状況に適った思考や行為を追求する結果、現実の他者や世間の見解や特定の社会的慣習に反するような思考・行為を行う場合も十分にあり得ると言える。

ここで「状況に真に適った思考や行為」とは、神ならぬ人間には、それがどのようなものであるかはおそらく完全には認識できないものであろう。しかし我々人間の心理としては、よき道徳的判断・道徳的行為を真摯《しんし》に求めるとすれば、周囲の多様な他者や世間の見解を参照しつつも、それらにとらわれず批判的吟味を繰り返し、こうした「状況に真に適った思考や行為」と呼ばざるを得ないものを常に探求し続けるのだと言えよう。

スミスやミードの議論に基づけば、このように多様な他者の見解の内面化の過程を通じて、人は、さまざまなものの見方を批判的に吟味し、自律的に考え行為できるように徐々になっていくと説明することができるのである。

状況重視の道徳における自律性

スミスやミードの議論は、他者の視点の内面化から、自律性の一形態へと至る道筋を示している。その意味で「状況重視の道徳観」の優勢な文化における自律性の理念とその獲得のメカニズムを示すものだと言える。「恥の文化」における自律性の理念とその獲得の筋道を描いていると言ってもかまわないであろう。

すなわち、スミスやミードの議論では、「他者や世間の多様な視点を内面化し、その内面化した多様な視点から自己を多角的かつ批判的に見つめ、吟味し、状況に真に適った思考や行為を模索し続けていく能力」としての自律性、およびその獲得のメカニズムが描き出されていると解釈することが可能である。

私は、以下で説明するように、昔から日本においても、スミスやミードの議論における自律性と同様のものが想定され、その獲得が理想とされてきたと考える。

たとえば、ここで一つ簡単な論拠として、「お天道様」の視点が、「世間様」の視点よりも、たいていの場合、重視されてきたということが挙げられる。「世間様はわかってくれなくても、お天道様はよく見ていてくださるはずだ。だから真っ当な生き方をすべきだ」というような言い方は、よく聞くものであるし、我々の日常感覚に訴えかけるものであろう。ここで「お天道様」とは、前述のスミスの言葉で言うところの「公平な観察者」に当たるものだと言えよう。つまり、自分の置かれた複雑な状況をすみずみまで非常によく理解したうえで偏りのない判断を下す第三者の視点なのである。

我々は、通常、周囲の特定の他者や世間に無批判に同調するよりも、「お天道様」の同意を得られるように行為するほうを望ましいとみなすはずである。その意味で、スミスやミードの議論で描かれた過程は、日本において一般的な自律性の理念の獲得のあり方の説明としても、大いに参考になると思われる。

「離見の見」

日本文化において、こうした自律性の理念が重視されてきたことについて、いくつかの議論に基づきつつ、もう少し丁寧に説明してみよう。

まず評論家・山崎正和《やまざきまさかず》の議論である。山崎は、日本人は、自己の個性を表現することに対する深い関心を伝統的に抱いてきたと言う。[37] また日本の伝統において自己表現とは、他者に留意しない単なる自己拡張とは区別され、他者の目を意識し、他者との関係のなかでのみ完成し得るものだと理解されてきたと述べる。

日本文化における自己表現の理念を集約したものとして、山崎はしばしば世阿弥《ぜあみ》の「離《り》見《けん》の見《けん》」という観念に言及する。[38]

世阿弥はその芸術論のなかで、演技者が他者（観客）の視点を内面化し、自分の姿を見る技術を体得すべきことを繰り返し説く。演技者が自分の行為を支配する意識は、「我《が》見《けん》」と呼ばれる。これに対して、観客が演技者を外から見る視線は「離見」と称される。演技者は「離見の見」を内面化することによって、「我見」だけでは見ることのできない自分の後ろ姿まで意識することができるようになり、美しい表現を行うことができるようになる。

すなわち、感情移入能力を用い観客という他者の観点を意識に包摂し、そこから自分を見つめることによってはじめて、状況における自己の姿を十全に把握・吟味できるようになり、真に洗練された自己表現を目指すことができるようになるというわけである。

山崎に従えば、このような自己表現の理想は、日本文化の伝統に一貫して見られるものだ。ここで言及している山崎の議論は主に日本文化における芸術的自己表現の理想に関係するものであるが、より一般的に日本文化において支配的な自律、ひいては人格的成熟の理念を表すものとしても読むことが可能であろう。

山崎自身、自己形成、あるいは自己実現の理想について一般的に論じるときも、同様の論法を用いている。[39]すなわち、他者の視点を内面化することにより、自己を見つめ、状況により適ったものへと自己の振る舞いを吟味・洗練していく一種の反省能力を身に付けるという意味での自律の理念、そしてそうした自律の能力の獲得・発揮を通じた成熟の理念だということができる。

芸道や武道と自律の理想

次に教育学者の生田久美子《いくたくみこ》の議論を見てみよう。生田による日本の伝統的な芸道や武道の修行の過程の認知科学的解釈は、他者の視点の内面化を契機とする自律・成熟の理念が日本の伝統に存在するということでの理解を裏書きするものである。

生田は、日本の芸道や武道における技芸の修得過程を表現するものと、古来、言われてきた「守・破・離」の過程を修行者の認識の変化の過程として捉える。[40]

まず、最初の「守」の段階では、修行者は、師匠が身を以《もっ》て示す手本をひたすら模倣するよう努める。また、内弟子制度に端的に現れるように、師匠と長い時間を共有し、師匠のさまざまな生活場面での反応を知ろうとする。

これらの模倣や長い時間の共有を通して、修行者は師匠のものの見方を徐々に内面化し、行為主体としての即自的視点を超えて師匠の視点から――より正確には師匠に体現されたその芸道や武道の領域において蓄積された伝統の観点から――自分自身を見つめることを覚える。ここから「破」の段階が始まる。つまり、自分が身に付けてきた技芸や自分の工夫した新奇な技芸の是非を内面化された師匠の観点から吟味し始めるようになる。

最後の「離」の段階では、行為者としての修行者の即自的視点と内面化された師匠の視点を交互に移動させることによって、多様な角度から状況における技芸の意義自体を問い始めるようになる。つまり、その芸道や武道の領域において伝承され、自分が身に付けようと専心してきた技芸の型自体の意味を、状況との関連でさまざまな角度から問い、必要とあれば新奇な要素をつけ加えたり従来の技芸の型を変更したりするように努める。新しい流派を興す覚悟でその技芸の型を、真に状況に適ったよりよきものへと洗練していこうとするのである。

生田の議論に従えば、こうした一連の過程が、日本の芸道や武道の伝統において修行者が辿《たど》るべき理想の過程であると考えられてきた。

生田の扱っているものは芸道や武道の修行の過程であるが、日本文化論でしばしば指摘されるように、日本ではある一つの領域における技芸を身に付けた者は、その領域だけではなく人格一般において秀でた者として理解される傾向が根強い[41]。したがって、このような芸道や武道における技芸の修得過程は、日本文化における人間の成熟の理念と密接な関係があると推測することが可能である。

自律・成熟の理念と反省の役割——内観法を参考に

他者の視点の内面化から始まる自律・成熟のプロセスという見方について、もう一つ、「内観法」の考え方について触れたい。内観法とは、日本で発展した心理療法であり、自己修養法である。僧侶《そうりょ》であり実業家でもあった吉本伊信《よしもといしん》によって昭和10年代頃から徐々に開発された。現在では、臨床心理学や精神医学のみならず、より一般的に学校教育や企業などでの研修にも取り入れられ広く普及している。また、海外でも紹介され、国際的評価も高い。内観法は心理療法であるから当然であるが、成熟につながる「健全な」心のあり方についての想定を有している。日本で発展したものであるゆえ、日本的な自律や成熟の見方が反映されており、参考になると思われる。

内観法（集中内観）は、原則として、約一週間の宿泊をして、その間、朝から晩まで静かな部屋の、屏風《びょうぶ》で仕切った狭い空間に一人で座り、両親や兄弟、配偶者、恩師、友人などの関わりの深い他者と自分との関係を想起するという方法をとる。[42]具体的には、各々の他者に対して、自分が「してもらったこと」「して返したこと」「迷惑をかけたこと」という三項目に沿ってできるだけ具体的な経験や情景を思い出しながら、小学校低学年時代、高学年時代、中学生時代といったかたちで時間を区切り順に調べていく。通常は、母親から始め、父親、兄弟姉妹、配偶者、子ども、恩師、友人……といった具合に、自分と関わりのあった他者に対して自分はどうであったかを時間の許す限り調べる（私自身も集中内観を受けた経験があるが、[43]ほぼこのような手順を辿った）。

こうした作業を繰り返すことにより、さまざまな他者の観点から自分を多角的に見つめる認識の構えを身に付けることを目指す。

内観法に詳しい精神医学者・村瀬《むらせ》孝雄《たかお》によれば、内観法によってもたらされるものの一つは、考え方や生き方が「自己 - 中心的なものから、関係 - 中心的なものへと転換することに他ならない[44]」。村瀬は、「日本人の内観者は、こうした関係 - 志向的な姿勢をもつようになることで満足感を覚える[45]」と指摘する。加えて、逆説的に聞こえるかもしれないと断ったうえで、村瀬は「内観をうまくやりとげたクライエントは、このように新たに経験された『関係 - 志向的な姿勢』において、本当の（本来の）（オーセンティックな）自分に出会えたという気持ちを抱く[46]」と論じる。そして、より活力を持っていきいきと生きられるようになると想定される。

日本的なものの見方では、いわば自己発見や自己実現といったものは、多様な他者の観点の内面化を通じて自分をなるべく偏りなく見つめる認識の構えを身に付け、自分が多様な関係の網の目のなかの存在であると自覚することが出発点だとみなされていると捉えられるであろう。

日本のしつけや教育の特徴の再解釈

以上の山崎正和や生田久美子の議論、日本的心理療法である内観法から示されることを踏まえれば、つまり他者や世間の視点を内面化することを契機として、その視点から自己を見つめ自己の行為や思考を状況との関連で幅広く吟味・洗練する反省能力の獲得に至るこうした一連の過程が日本文化における自律・成熟の理念を表現しているということでの推測を踏まえれば、先に言及した日本のしつけや教育の特徴も若干異なる角度から解釈することができる。

つまり、日本的なしつけや教育の特徴と言われている他者の気持ちへの配慮や感情移入能力の重視は、他者や権威への同調、あるいは単なる人間関係の調和や他者へのやさしさという価値の強調というだけでは汲《く》み尽くされないさらに積極的な意義を有していると理解することが可能である。いくつかの特徴を振り返り、再度見てみたい。

たとえば、母親が、好き嫌いをして野菜料理を食べようとしない子どもを注意する際に母親自身や野菜の生産者である「お百姓さん」などの他者の気持ちに配慮するよう仕向けるという先に取り上げた例を再度考えてみよう。

こうしたしつけを行う場合の母親の狙いは、子どもに母親自身や「お百姓さん」などの他者への同調や彼らとの関係を穏便に保つことを教えることではなく、多様な他者の視点を内面化し、さまざまな他者の視点から自分自身の欲求や思考や行為を批判的に見つめることによって自己の欲求や思考や行為を吟味し、真に状況に適ったものへと改善していく反省の大切さを学ばせることにあると解釈すべきではないだろうか。すなわち、ここでは「野菜を食べたくない」という自分の欲求を、母親や「お百姓さん」の観点から見つめ直し、それらの他者の観点を考慮に入れ、自己の既存の行為や欲求を問い直すということを子どもに教えようとしているのではないだろうか。

単に、権威者など特定の他者への同調や関係性の維持の必要性を教え込むことが目的であるなら、母親は自分の親としての権威に訴えかけるのみでよいだろう。また、遠くの見ず知らずの第三者であり、権力者・権威者とも言い難い「お百姓さん」との同調や関係性の維持自体に何らかの教育的意義を見出すことは困難である。むしろ、母親や「お百姓さん」といった、身近な、あるいは疎遠なさまざまな他者の視点を内面化し、多様な角度から当該状況における自分の思考や行為の是非を吟味・修正し、真に状況に適った思考や行為を絶えず求めていくという意味での反省を行う能力、つまり自律的な思考や行為を行う能力を身に付けさせたいという半ば無意識の親の願い、および、こうした自律的能力の獲得が人間的成熟へと至る道なのだという文化に潜在する暗黙裡の想定が、このようなしつけの背後に存在すると解釈するほうが説得力があると言えよう。

加えて、前述のとおり、日本の学校教育の現場では、一般に、他者の感情や思考を言語的に表明されずとも敏感に察知し読みとるために必要な他者への感情移入能力（思いやりの能力）の獲得を非常に重視した教育が行われている。このことも、多様な他者の視点を内面化し、自己の思考や行為をさまざまな角度から吟味していく反省能力の獲得として自律や成熟の理念が背後にあるということを念頭に置けば、その積極的意義を明瞭《めいりょう》に理解できる。感情移入能力を鍛え、それを発揮できるようになることは、自律や成熟に達するための必須《ひっす》条件の一つだと半ば無意識に考えられていると解釈することができるからである。

実際、感情移入能力の発揮によってさまざまな他者の視点を内面化し、多様な視点から自己のあり方を見つめ吟味する行為、すなわち「反省」や「自己批判」の行為の重視は、日本のしつけや教育の特徴の一つだと言える。「日本の子育ては子どもに反省を促し、それにもとづいて努力することを重視する」[47]傾向があると言われている。学校教育でも同様のことが指摘されている。比較研究の指摘によれば、個々の児童・生徒たちの行為のあり方や学級に生じた問題などを児童・生徒同士で話し合い反省する場が、いわゆる「学級会」や「ホームルーム」「朝の会」「帰りの会」などというかたちで頻繁に設定され、教育活動の非常に重要な一部として認識されているのも、欧米の学校と比べた場合の日本の学校教育の顕著な特徴である。[48]

日本文化における自律性の理念

以上、この章で述べたことを振り返ってみたい。ベネディクトの「恥の文化」に関する議論、およびそれにおそらく大きな影響を受けていると思われる「日本人の道徳は他律的で同調主義的である」とする他の論者の主張は、一方的・一面的だと言わざるを得ない。ベネディクトは十分理解できなかったようだが、日本にも、欧米とは異なる形態のものであるが、ある種の自律性の理念が存在し、多くの人がそれを目指すべきものだと考えてきたと理解すべきである。

すなわち、「感情移入能力を鍛え発揮し、親密な、あるいは疎遠な多様な他者の視点を内面化し、その内面化されたさまざまな視点から既存の自己の思考や行為を見つめ絶えず吟味することを通じて、真に状況に適ったものへと自己の思考や行為を修正・洗練し続けていく反省能力」としての自律性の理念が存在し、多くの人がこうした自律性の獲得こそ、人格的成熟に至る途《みち》であると捉え、それを目指すべきものだとみなしてきたと考えられるのである。

こうしたいわば「恥の文化」における自律性の理念は、決して多数者や時の権威・権力への無批判な同調をよしとするものではない。多種多様な観点を内面化し、その内面化したさまざまな観点から多角的に自他の既存の見解を常に反省し、批判的に吟味していく能力こそ、この自律性の構想の核心にあるものなのである。

日本文化においては、特定の他者や世間の権威・権力に無批判に従属することが求められてきたとするベネディクトに代表される理解は、非常に一方的な見解であると言わざるを得ない。

『水戸黄門』の人気の理由再考

ここで、少々脱線するのかもしれないが、第一章で言及した『水戸黄門』の人気について、これまでの議論を踏まえて再考してみよう。

前述のように、『水戸黄門』の人気が高いのは、日本人がオカミの権威に非常に弱く、同調主義的で他律的な道徳を有していることの証左にほかならないとする解釈をしばしば耳にする。こうした解釈は正しいのであろうか。

私は、的外れな見方であると思う。『水戸黄門』では、決して、特定の他者や権威やオカミへの無批判な従属や同調は、理想とされていない。むしろ、不当な権威や権力に媚《こ》びない、己の倫理観に従った自律的な生き方を賛美し推奨する物語であると理解するのが妥当だと思う。そこに多くの日本人が共感してきたのではないだろうか。

たとえば、『水戸黄門』のドラマのありがちな設定として、次のようなものがある。

ある町では、悪代官が、強欲な商人と結託して私利私欲のために政治を行い、自分たちの言うことを聞かない頑固だが真っ当に生きている職人に辛《つら》い仕打ちを行っている。職人は、どうにか持ちこたえ、慎《つつ》ましくも己の信念に従って生活している。しかし職人が、悪代官と強欲な商人のあまりにひどい仕打ちにくじけそうになったとき、水戸黄門の一行がやってくる。黄門様の一行は、職人の窮状をよく知るようになり大いに同情し、悪代官と強欲商人の不正をただすため立ち上がり、彼らに適切な裁きを加える。以上のような設定だ。

このようなおなじみの設定において、悪代官や強欲商人は、偏狭な世間やそこでの権威の象徴だと解することが適切である。水戸黄門の一行は、実はすべてをお見通しの「お天道様の象徴」だと理解すべきである。

したがって『水戸黄門』の物語が与えるメッセージは、「きっとお天道様はすべてを見ていてくださり、結果的には、真っ当に生きている正直者こそ報われるはずだ。だから、現在、たとえよこしまな権力者にいじめられていても、あるいは世間に認められていなくても、己の倫理観に従って強く生きよ！」というものであろう。

こうしたメッセージに、多くの日本の庶民は世代を超えて共感してきたのだと受け取るのが自然ではないだろうか。『水戸黄門』を、日本人の権威に弱い同調主義的性格を表現する物語だと解釈するのは、無理があると言わざるを得ない。

過去の世代の視点

少々脱線してしまったようだ。話をもとに戻したい。この章の目的は、ベネディクトに代表される「日本人は同調主義的で権威に弱い」という見方に反論を提示し、日本にも自律性の構想と呼びうるものが存在し、多くの日本人も半ば無意識かもしれないが単なる同調主義や権威への従属ではなく、自律的な生き方を理想としてきたと示すことであった。

この目的自体は、ここまでの議論ですでにほぼ果たせたといってよいだろう。本章の残りの部分では、この日本型の自律性の理念と呼び得るものの奥行き、つまり現代に生きる我々があまり意識しなくなりつつある意義について触れてみたい。

これまで論じてきたように、日本において暗黙裡に想定されてきた自律性の理念は、多様な他者の視点の内面化を通じて獲得されていくものだと考えられる。ここで指摘しておきたいのは、内面化されるべき「他者」のうちには、一般的意味での「他者」、つまり同時代に生きる他の人々だけではなく、本来、より多様なものが含まれるという点である。

一つは「過去の世代の人々」である。日本民俗学の祖である柳田国男《やなぎたくにお》は、日本の伝統文化の顕著な特徴の一つとして、祖霊（氏神）信仰に代表される死者の観念を挙げ、以下のように記している。

「私がこの本の中で力を入れて説きたいと思う一つの点は、日本人の死後の観念、すなわち霊は永久にこの国土のうちに留まって、そう遠方へは行ってしまわないという信仰が、おそらくは世の始めから、少なくとも今日まで、かなり根強くまだ持ち続けられているということである」[49]

「日本を囲繞《いにょう》したさまざまの民族でも、死ねば途方もなく遠い遠い処へ、旅立ってしまうという思想が、精粗幾通りもの形をもって、おおよそは行きわたっている。ひとりこういう中においてこの島々にのみ、死んでも死んでも同じ国土を離れず、しかも故郷の山の高みから、永く子孫の生業を見守り、その繁栄と勤勉とを顧念しているものと考え出したことは、いつの世の文化の所産であるかは知らず、限りもなくなつかしいことである。それが誤ったる思想であるかどうか、信じてよいかどうかはこれからの人がきめてよい。我々の証明したいのは過去の事実、許多《きょた》の歳月にわたって我々の祖先がしかく信じ、さらにまた次々に来る者に同じ信仰を持たせようとしていたということである」[50]

柳田が述べているのは、死者に関する日本的観念の特徴は、死者は、生きている我々のそばを離れず、我々の行いをそれほど遠くないところから常に見守っていると考える点にあるということである。そして、この見方を代々、子どもに教え、引き継いできたというのである。こうした特徴的な死者の観念と、これまで本章で述べてきたことを合わせて考えれば、次のようなことが導かれると言える。

すなわち、日本で優勢な道徳観では、本来、内面化すべき多様な他者の視点の一つとして、死者の視点、つまり過去の世代の人々の視点も、含まれなければならないと考えられてきたということである。

過去の世代の視点を意識することによって、人は、自分の人生を長い歴史のなかに位置づけ、過去と将来を見渡しつつ人生の意味を問うことができるようになる。いわば歴史の縦軸のなかで自己の人生の意味を検討できるようになる。つまり我々の祖先は、同時代に生きている多様な他者だけでなく、過去の世代の人々（死者）の視点も内面化し、どのように生きるべきかを多角的かつ歴史的に問い、自己吟味することの大切さを、子どもたちに教えようとしてきたのではないかと思われる。そのために、柳田が指摘しているように、死者が我々の近くに常にいる、いわゆる「草葉の陰から」常に見ているという感覚を子どもに身に付けさせようとしてきたのだと解釈できるだろう。

別の言い方をすれば、同時代の他者だけではなく、過去の世代の人々の多様な視点を内面化し、その内面化した多様な視点から自己の行為や思考を吟味していくことによって、我々はよりよい生き方をすることができる、つまり自律し成熟した人間に近づくことができると考えてきたのではないかと思われる。

人間以外の生物・自然物の視点

加えて、視点を内面化すべき「他者」には、一見、奇妙に思われるかもしれないが、人間だけでなく、他の生物、つまり動植物、あるいは事物（モノ）も含まれ得るということも指摘できる。

まず動植物の視点についてであるが、たとえば日本にはいわゆる生類供養の慣習がある。イノシシ、クジラ、イナゴ、クマ、ウミガメ、サカナ、ウシ、カイコ、ツル、ウマなどの動物、あるいは草木、つまり植物の供養塔が日本各地で見られる。[51] これらは、日本の人々の心理に動植物への感情移入が少なからず見られたことを物語っている。

実際、興味深いことに、動植物など人間以外のものの「視点」や「気持ち」を重視し、それに配慮するよう教えるのは、現代の日本のしつけや教育の大きな特徴でもある。

教育心理学者の臼井博《うすいひろし》は、教育学や心理学のさまざまな実証的研究を踏まえつつ、日本では、人間関係で他者との共感が好まれるが、これは人間同士の関係だけにとどまらず、人間と動植物との関係でも同様だと論じている。[52] たとえば、日本と英国の国語教科書の内容を分析した研究では、物語の主人公に動植物が擬人化されて出てくることが、日本の教科書では英国の教科書の3倍近く多い。[53]

同様のことは、学校での道徳教育の教材でも言える。たとえば、文科省が作成した道徳の副教材『心のノート』(小学校3・4年生向け 平成21年度改訂版)からもこの点は窺《うかが》える。この教材には「植物《しょくぶつ》も動物《どうぶつ》もともに生きている」という項目があり、そこでは「人びとは古くから、植物《しょくぶつ》や動物《どうぶつ》といっしょに、心をかよわせながら生活することを大切にしてきました」という記述があったり、傷ついた菊の花をかわいそうに思い、手当てしてやる子どもの挿話が出てきたりする。[54]

また、日本と米国の母親が子どもにどのように言って聞かせるかを比較した別の比較研究では、日本の母親は、米国の母親と比べると動植物を擬人化することが多かったということも臼井は指摘している。[55]たとえば、子どもが夕食のおかずを食べないときに、母親が「人参《にんじん》さん、食べてもらえなくてかわいそう」などと言う場合である。

事物(モノ)の「視点」

動植物ではなく、事物を擬人化し、その「視点」を意識させるということもある。モノの「視点」というと奇妙に聞こえるかもしれないが、要は、モノと自分との関係性のあり方を認識し、そこから自分の既存の行為や思考を吟味していくということである。

これも、日本のしつけや子育ての場面では見られるものである。先の臼井博は、日本の母親が、子どもが家の壁にクレヨンで落書きをしているのを見かけたときに、「壁さん、泣いちゃうよ」と言う例を挙げている。このように、日本の母親が動植物のみならず事物を擬人化し、その「視点」を意識させる言い方をすることは特に珍しいことではないが、米国の母親がこういう言い方をすることはほとんど見られなかったというのである。[56]

慣習としても、日本には、針供養、包丁供養、筆供養という具合にモノを擬人化し、それに思いを馳《は》せるものが全国各地で広く見られる。古物に精神が宿るとする付喪神《つくもがみ》信仰もある。あるいは、付喪神信仰の現代版と言ってもいいかもしれないが、「もったいない」とモノを大切にする美徳は現代でも多くの人々が受け入れている。親が「モノを大切にしなければ、『もったいないお化け』がでるぞ」ということもある。

また、先に触れた日本的心理療法の一つである内観法では、他の人々の視点を内面化し反省するだけでなく、「胃」「腸」「肘《ひじ》」といった自分の身体の一部や、「眼鏡」などのモノとの関連で内観を行うこともしばしばある。モノと自分との関係性を問うのである。私が体験した集中内観でも、合宿の最終日に内観を体験した者への説話のなかで面接者の大山《おおやま》真弘《しんこう》は、人以外のこうした事物についての内観の重要性について語っていた。[57]

以上のようなことを考慮すれば、日本では、子どもをやさしく敏感な感受性をもつ者に育成し、一人ひとりが、同時代のさまざまな他の人々だけではなく、過去の世代の視点、ならびに動植物や事物の「視点」をも感じ取り、そこから自分を見つめ、自己の既存の思考や行為を吟味し、それらを状況に真に適ったものへと絶えず近づけていこうとする反省能力の獲得を自律・成熟として捉え、これを望んできたということができるであろう。いわば、万物・万人との関係の網の目のなかに存在する者として自己を認識し、そのなかで、試行錯誤的により広い視野を獲得し、よりよきかたちに関係の網の目を絶えず再編していこうと努める能力として自律性や成熟の理念を理解してきたと言えるであろう。

内山節の議論

自律性の日本での捉え方について、ここでの議論と類似した見方をしているものとして、内山節《うちやまたかし》の議論がある。内山は、東京と群馬の山村を行き来しながら思索を続ける在野の哲学者である。内山は、自律性ではなく「主体性」という言葉を使っているものの、ここでの「主体性」とは、本章の自律性とほぼ同じ意味だと言ってよいだろう。

内山も、本章の議論と同じく世阿弥の「離見の見」の概念を念頭に置き、「他者のまなざしを自分のものにするところに、主体的であるということの日本的な意味があった」[58]とする。つまり、日本の伝統的な「主体性」の観念とは、「他者のまなざし」を自分のものにし、そこから自分を見つめることが基本となって生じるものだと述べる。その際、内山も、まなざしを意識すべき「他者」には、人間だけでなく動植物や自然の事物も入ってくると指摘する。

内山は、村人とのある会合で、村人が農作業の様子を語るときの語り方について興味を持つ。農作業について話す場合、村の人々は、「……作物や畑のまなざしで自分の仕事ぶりを説明する。春になった畑が自分に耕作を促し、伸びはじめた芽が村人に間引きを促す。もちろん、森での仕事も同じことである。大きくなった木が、人間に間伐を求める。村人は木のまなざしを自分のまなざしとしながら、森で仕事をする」[59]。

内山は、日本の伝統的な主体性の観念の特徴を、欧米の主体性の観念と比較しつつ、次のように述べる。

「欧米的な主体性は、自己や自我が出発点であり、自分の側からの働きかけとともにある。ところが日本的な精神では、他者が出発点にあり、その他者とのかかわりのなかに、主体性も発生する。……たとえばそれは、村の森であり、村の川や畑であり、村人であり、村を訪れた人々である。そういった具体的な他者とのかかわりのなかで、他者のまなざしを自分のものにしながら、主体性を発揮する」[60]

内山も、本章の議論と同様に、日本で優勢な自律性（主体性）の理念を、人から自然物まで含む多種多様な他者の視点を内面化し、そこから自己を見つめ、状況のなかで自己のあり方を多角的に絶えず吟味・検討していくことのなかに見出していると言ってよいであろう。

日本型自律性と関係性の重視

本章で見てきたことをまとめたい。ベネディクトが『菊と刀』で断じたような「日本人は同調主義的で自律性を持たない」という見方は非常に一面的である。日本にも、欧米のものとは異なるものの、自律性と呼びうる理念は存在し、多くの日本人は同調主義や権力・権威へのおもねりではなく、自律的な生き方のほうをよしとしてきた。

すなわち、「感情移入能力を鍛え発揮し、親密な、あるいは疎遠な多様な他者の視点を内面化し、その内面化されたさまざまな視点から既存の自己の思考や行為を見つめ絶えず吟味することを通じて、真に状況に適ったものへと自己の思考や行為を修正・洗練し続けていく反省能力」としての自律性の理念が存在し、多くの人がこうした自律性の獲得こそ、人格的成熟へ至る途であると捉え、それを目指すべきものとみなしてきたと言うことができる。

ここで内面化すべき視点を持つ「他者」には非常に幅が広いものが含まれ得る。同時代に生きる他の人々は当然であるが、それ以外にも過去の世代の人々、動植物、自然物、事物（モノ）などもそうである。この見方の背景には、人間とは、自然界や事物までを含む幅広い関係の網の目のなかで生き、そしてその関係のあり方をよりよきものにしていこうと絶えず模索する存在だという関係重視の自己観・人間観がある。日本の子育てや教育では、感情移入能力、つまり多様な他者の視点を推し量り、それを内面化していく能力の育成を強調するが、これは、置かれた状況のなかで自己の既存の思考や行動を多様な角度から吟味し改善していくために必要な力だからである。

なお、注意すべきは、自律性の日本的見方では、先に内観法と関連して言及した村瀬孝雄の言葉に見られるように、多種多様な他者の視点を意識することや自分が関係の網の目のなかに存在するものだと自覚することは、自律性と相対立するものとは捉えられないことである。むしろ、自律し成熟した人間に至るには、関係重視のものの見方を身に付けることが必要だと考えられるのである。

本章で行ってきたこのような「日本型自律性」の捉え方――特に内面化すべき他者の視点として同時代の他の人々だけでなく過去の世代や自然物、事物に至るまで幅広いものが想定されてきたという解釈――が正しいとすれば、あらためて日本で優勢な道徳観は、時の権力者や多数者にただ無批判におもねることを求めるような浅薄なものでは決してないということがよりよく理解できるであろう。

逆に言えば、日本の道徳観が同調主義的であり自律的ではないという一面的理解が広まったり、あるいは本来、他者の心を推し量ることを意味する「忖度《そんたく》」を「権威者へのおもねり」という悪い意味でもっぱら用いるようになったりしているのは、日本人の多くが、日本の道徳観の奥行きや活用の仕方を忘れてしまったからではないだろうか。具体的に述べれば、「お天道様が見ている」とあまり言わなくなったこと、お盆や墓参りの行事を子どもとともに経験することが少なくなったこと、針供養や筆供養などの行事もあまりしなくなったこと、「もったいない」と子どもを注意することも減ったこと、などによって、日本の道徳観が本来持つ奥行きが理解できなくなり、道徳意識の矮小化《わいしょうか》が進んだことが一因なのではないだろうか。

我々の祖先は、我々よりもはるかによく「恥の文化」を理解し、それぞれの時代に合った道徳を築き上げてきたのだと言えよう。我々はベネディクトの呪縛にとらわれ、「恥の文化」の表面だけを見て、その深みを忘れつつあるようだ。

豊かな文化的資源を活用すべき

どの国の人々も、自分たちを形作っている文化から完全に身を引き離すことはおそらく不可能である。本章で挙げた例をいくつか見てもそれは明らかである。我々の文化は、我々の言語習慣、しつけや子育ての方法など、半ば無意識の水準で我々に大きな影響を与えている。もし自分たちの文化が気に食わない場合でも、我々には、そこから完全に身を引き離したり、文化を全体的に作り直したりすることは不可能であろうし、望ましくもないであろう。

文化は、過去の幾世代にもわたる人々の生活の積み重ねから形成されてきたものであるから、どの文化も、一世代を生きる我々だけでは到底理解できない多面的側面を有し、大きな可能性を潜在的に有しているはずである。我々が、たとえ従来とは違う新しい困難な事態に直面したからといって、自分たちの文化から完全に離脱したりそれを全面的に取り替えたりするような試みはうまくいかない。そうした試みを行うのではなく、自分たちの文化に潜んでいる多様な可能性を発現させ、新しい事態に対処するように努めるべきであろう。

本章の関心である日本人の自律性という課題についてもこのことは言える。我々が、あるいは我々の子孫が自律性を身に付けようとするとき、手持ちの豊饒《ほうじょう》たる文化的土壌を利用しつつ、そこに少なくとも潜在的には備わっている自律性の開花の方策を考察し、追求すべきである。いわば「日本型自律性」を身に付けるべきであろう（「日本型自律性」と言っても、スミスやミードの議論を一部下敷きにしている点に表れているように、文化を超えるという意味での普遍的側面をも結果的には含んでいると言えようが）。

より具体的に述べれば、我々が我々の文化的土壌を活《い》かしながら自律性を身に付けるには、次のような事柄が必要となると思われる。ごく簡潔に述べ、本章の結びとしたい。

第一に、ここで描き出したような「日本型自律性」の存在、およびその形態と獲得に至るメカニズムを認識することである。第二に、従来どおり、感情移入能力の重要性、およびその鍛錬の必要性を理解することである。特に、感情移入能力の陶冶《とうや》の意義を、自律性の獲得と関連付けて理解することが求められるであろう。第三に、自律性の獲得や自己実現（成熟）といったものを、他者との関係性を切り離したところに可能となるものだと捉えるべきではないということである。これまで見てきたように、自律性や自己実現といったものは、他者とのさまざまな関わりのなかで得られるものなのである。第四に、自律性獲得の過程で非常に大切なことだが、内面化の対象を、できる限り幅広く、多種多様なものにするように努めることも必要であろう。

第三章　改革がもたらす閉塞感

――ダブル・バインドに陥った日本社会

問題の所在

前章までの議論で、日本で優勢な自律性の理念を確認してきた。欧米で優勢なものとは異なるが、日本で一般的な道徳にも、自律へと至る道筋は確固として存在し、また多くの日本人はそれを理想だと暗黙裡《り》にかもしれないが、認識してきた。

この日本型の自律の理念は、我々現代の日本人にとっても、半ば無意識のレベルとしてはいまでも優勢だと解釈できる。

たとえば、しつけや子育て、学校教育の現場では、他者の気持ちを重視する教育が根強く行われている。若い親でも、自分の子どもには、「やさしい子」「人の気持ちによく気がつく子」になってほしいと願う。学校の国語の時間では、登場人物の気持ちの読み取りに重点が置かれるし、読書感想文も、現在でも小中学生の夏休みの課題として出される。大人になっても、やはり気配りができる人、やさしい人は周りから評価される。また、大部分の日本人は周囲の人々の気持ちや自分に対する評価を大いに気にかけている。

これらは、日本人としては、一種の宿命のようなものなのかもしれない。日本の伝統や文化のなかに、「相互協調的自己観」や「状況重視の道徳観」、ならびに日本型の自律や成熟の理念は、しっかりと埋め込まれ、過去、現在、そしておそらく将来の日本人を良くも悪くも拘束する。

だが、問題なのは、現代の日本人の多くは、日本文化は同調主義的で他律的であるとみなし、日本型の自律や成熟の理念やその獲得のメカニズムをよく理解していない点である。自律性という観点から、欧米文化のほうが優れており、日本文化は、遅れた、一段劣ったものだという具合に捉《とら》えてしまっているのだ。

このように日本文化を日本人自身が低く評価してしまっていることから、数多くの問題が、現在、生じてきている。本章や次章では、そうした問題を取り上げ、検討していきたい。

やる気を失った日本のビジネスマン

日本経済新聞に興味深い記事が掲載されていた。「『熱意ある社員』6%のみ　日本132位、米ギャラップ調査」という見出しの記事（電子版、2017年5月26日付）である。米ギャラップ社が各国の企業を対象に実施した従業員のエンゲージメント（仕事への熱意の度合い）に関する調査によれば、日本では「熱意あふれる社員」の割合が6%しかないことが判明した。米国の32%と比べ著しく低く、調査した139か国中132位と最下位クラスだったということだ。

この他にも、たとえば、『世界でいちばんやる気がないのは日本人』というタイトルの本も出版されている。[1] 人材コンサルティング会社を経営する可児《かに》鈴一郎《れいいちろう》の筆によるものだが、この本のなかでも、日本人ビジネスマンの仕事への意欲は調査した16か国中最低だったという米国の人事コンサルティング会社タワーズ・ペリン社の２００６年の調査が紹介されている。

かつては、日本人の仕事への動機づけや会社への帰属意識の高さは世界的によく知られていた。「モーレツ社員」「会社人間」「仕事中毒」など、日本人の仕事への動機づけの高さを表す言葉（半ば揶揄《やゆ》する場合も多かったが）が巷《ちまた》にあふれていた。たとえば、１９８０年代末から90年代初頭にかけて、ドリンク剤「リゲイン」の広告には、「24時間戦えますか」「悔しいけれど、仕事が好き」といったキャッチ・コピーが躍っていた。

だが、それは今は昔、いつのまにか、日本人ビジネスマンの動機づけは大幅に低下し、近年では世界でも下位に位置するようなのだ。

リゲインのキャッチ・コピーの変遷はこの点を表しているようで面白い。発売元の第一三共ヘルスケア社のホームページの記述によれば、「24時間戦えますか」は、89年から91

年まで使われていた。バブル経済が最後の輝きを放っていた頃である。このキャッチ・コピーは89年のユーキャン新語・流行語大賞の流行語部門・銅賞も受賞している。「黄色と黒は勇気のしるし」で始まるCMソングは爆発的にヒットし、CDの販売も60万枚に達したという。

私は、このCMソングが流行《はや》っていたころ大学生だったが、ニュースなどで、会社の運動会でこの曲がしばしば使われていると報じられていたのをよく覚えている。

リゲインのキャッチ・コピーの変遷は、日本経済の減速と社会に次第に蔓延《まんえん》してくる疲労感をよく表している。

「全力で行く。リゲインで行く」（1992年）、「くやしいけれど、仕事が好き」（1994年）。このころまでは、まだ仕事へのやる気や情熱は失われていない。

90年代半ばごろから、疲れが顕著になってくる。リゲインの宣伝文句にもこれは表れている。「その疲れに、リゲインを。」（1996年）、「たまった疲れに。」（1999年）、「疲れに効く理由がある」（2004年）。

2014年に発売された「リゲイン・エナジードリンク」のCMは自虐的である。「24時間戦うのはしんどい」とCMソングのなかで告白し、画面には「3、4時間戦えますか」という文字が映し出される。疲労感、ここに極まれりである。

疲れの原因

日本人ビジネスマンは、なぜやる気を失い、疲れてしまったのだろうか。

ギャラップ社のジム・クリフトン会長兼最高経営責任者（ＣＥＯ）は、日本では「熱意あふれる社員」の割合がこのように低いのはなぜかと日本経済新聞に問われて、次のように答えている。

「日本は１９６０～80年代に非常によい経営をしていた。コマンド&コントロール（指令と管理）という手法で他の国もこれを模倣していた。問題は（１９８０～２０００年ごろに生まれた）ミレニアル世代が求めていることが全く違うことだ。ミレニアル世代は自分の成長に非常に重きを置いている」

つまり、クリフトンの見方では、日本経済が強かった80年代までは、上意下達のいわば集団主義的な経営手法がとられており、前世代の日本人はそれを受け入れていた。だが、90年代以降、日本の若い世代は変わった。若い世代の日本人は、自分の成長を第一に考える個人主義的価値観を身に付けた。そのため、従来通りの会社の制度やカルチャーになじめなくなり、動機づけが低下している。クリフトンはそう言うのである。

だが、クリフトンの議論の真偽は疑わしい。日本の若者の気質がそのように大きく変わったとは私には思えないからだ。

日本生産性本部が毎年、新入社員の意識調査を行っている。この調査によれば、日本の若い社員がそれほど個人主義的になっている事実は見出《みいだ》せない。たとえば、給与の決め方についてであるが、「各人の業績や能力が大きく影響する給与体系」（成果主義）と「業績や能力ではなく、年齢・経験により給与が上がる体系」（年功主義）とを比較した場合、この調査項目が初めて設定された99年では各々を好んだ新入社員の数値は成果主義59％、年功主義14％だったが、２０１６年では、成果主義45％、年功主義24％である。かえって最近のほうが年功主義を支持する者が増えている。

また、この意識調査では起業・独立志向を尋ねる調査項目が03年から設定されている。「将来への自分のキャリアプランを考える上では、社内で出世するより、自分で起業して独立したい」という設問に対し、「そう思う」（起業志向）、「そう思わない」（社内志向）のどちらを選ぶか尋ねるものである。03年（秋）は、起業志向の新入社員は32・３％、社内志向の者は67・７％だったのに対し、16年（秋）では、起業志向13・１％、社内志向

86・9%である。こちらも最近のほうが社内志向の若者が増えている。

これらの数字を見る限り、日本の若者の価値観が近年、個人主義化したため、日本人ビジネスマンのやる気度が下がったという見方は、あまり説得力がない。

急増した自殺とひきこもり

では、1990年代以降、日本人ビジネスマンのやる気度の低下を招いた原因をどこに求めるべきだろうか。
ことは、ビジネスマンのやる気の問題だけではないようだ。さまざまな統計的数値に表れているのだが、90年代、特に90年代後半というのは、日本の社会や経済が大きく変わった分岐点だった。閉塞《へいそく》感、疲弊感が急速に高まっているのだ。
たとえば、自殺者の数である。自殺者数は、90年代後半に急激に増えている。それまで、2万5000人以下だった日本の自殺者数は、98年から急激に増えた。97年に2万4391人だった自殺者が98年には3万2863人と急増したのだ。98年以降もこの傾向はしばらく続き、毎年自殺者は3万人以上を記録するようになった。[2]
いわゆる「ひきこもり」現象が人口に膾炙《かいしゃ》するようになったのも、90年代後半からであ

図1 ひきこもりの記事数の推移（1982〜2014年）

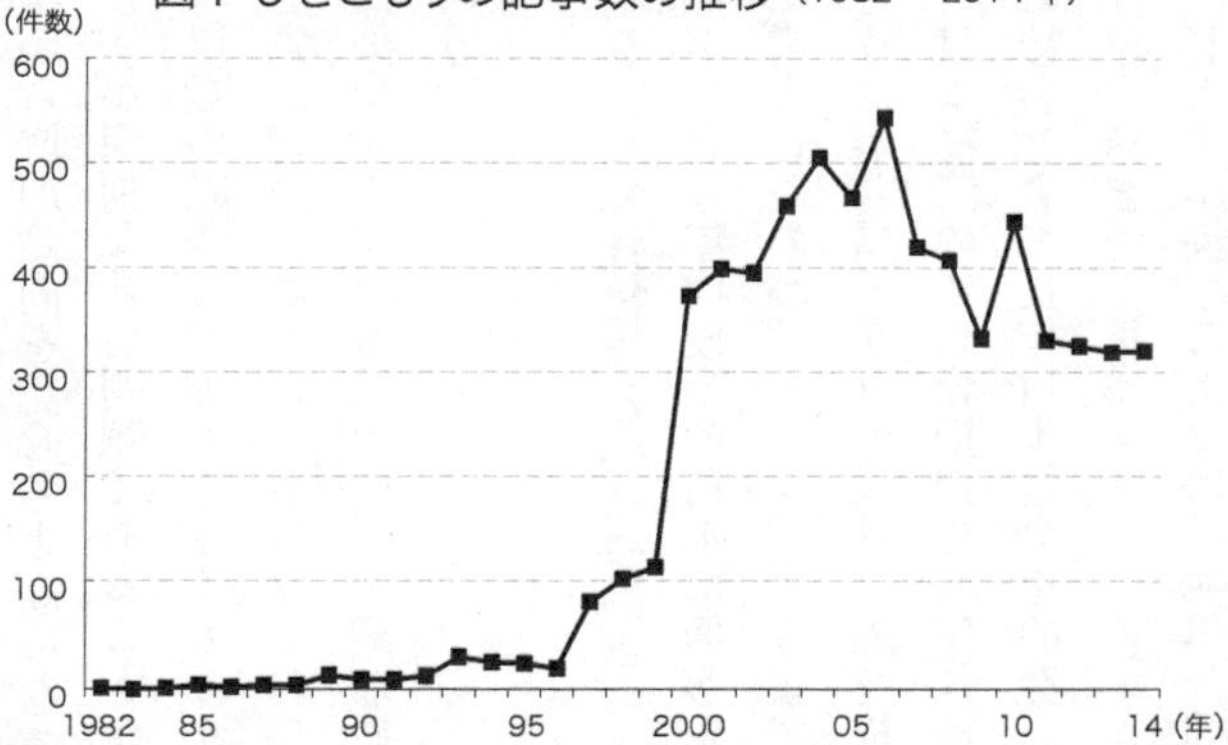

「ひきこもり／引きこもり／ヒキコモリ」を含む記事の数（朝日新聞のデータベース）
出典：石川良子「社会問題としての『ひきこもり』（1）」（「松山大学論集」第27巻・第3号、2015年、124頁）

る。「ひきこもり」がいつごろから社会問題になったかについては、社会学者で松山大学准教授の石川良子《いしかわりょうこ》の興味深い研究がある。石川は、朝日新聞のデータベースを用いて、「ひきこもり」をキーワードとして含む記事がいつごろから登場し、増加してきたかを分析している。[3]「ひきこもり／引きこもり／ヒキコモリ」を含むすべての記事の経年変化を表したものが、図1（「ひきこもりの記事数の推移」）である。[4] 最初は、「家に引きこもりがちな障害者」（85年11月18日）のように、動詞形でのみ用いられていたが、90年代に入ると少数ながら、「ひきこもり」という名詞形で用いられる例が見られるようになった。

90年代半ばまでは少数に留《とど》まっていたが、97

年から増加傾向を見せるようになる。そして、２０００年代に入ると急増し、「ひきこもり」が深刻な社会問題であることが広く一般に認識されるようになった。

自殺の顕著な増加やひきこもりが社会問題として注目を集めるようになったこと、そして先ほどの日本人ビジネスマンのやる気度の低下などを念頭に置くと、90年代、それも特に後半から、日本社会は、深刻な疲弊感、閉塞感にむしばまれていったと推測できるであろう。

１９９０年代後半という分岐点

１９９０年代後半の日本に何が生じたのだろうか。何が原因で、疲弊感、閉塞感が急速に増大したのか。一つは、言うまでもなく、それまでさまざまな紆余《うよ》曲折がありつつも、どうにか右肩上がりの成長曲線を描いてきた日本経済が長い停滞期に入ったことだろう。

日本経済のこの転換点を90年代前半のいわゆるバブル破裂に求める議論が多いが、英国の社会学者で長年日本社会を研究してきたロナルド・ドーアは、90年代後半、特に97年に注目すべきだと指摘する。[5]

ドーアが論じるように、90年代前半にバブル経済が終結した後も、日本経済の運営方法自体は、しばらく基本的に変わらなかった。それ以前に日本経済が不況に陥った時と同様、バブル破裂後の不景気対策もケインズ主義的政策をとったからである。すなわち、行政主導を通じて解雇を少なくし雇用を維持すること、賃上げをなるべく進めること、日銀に働きかけて低金利政策をとること、加えて、公共事業を拡大し総需要の維持・拡大に努めること、などの経済政策を政府はとった。

政策は効果を発揮し、96年までは比較的平穏に日本経済は推移した。バブル破裂後の深刻な不況も日本経済は乗り切れるという楽観論が出始めたころ、タイで始まったアジア経済危機が深刻化する。バブル破裂後、日本の銀行は国内の不良債権をほどほどに処理してきた。だがアジア経済危機の勃発《ぼっぱつ》に伴い、東南アジアなどへの多額の債権がさらに不良になった。同時に、アジア市場の混乱・縮小のために、アジアへの輸出が大きな打撃を受けた。

ドーアが指摘するのは、このような時代背景のもとで生じた日本の政財界における思想の転換である。景気対策およびその基本にあった支配的な思想が一変したのである。「構造維持・ケインズ的調整ではもう駄目、不良企業（いわゆるゾンビ企業）を倒産させろ、『構造改革』しかないという方向へ、政官財界が傾いた[6]」のである。この政策コンセンサスの転換を、ドーアは、バブル破裂自体よりも戦後日本経済の大きな分岐点とみなすべきだと主張する。ケインズ主義に基づく日本型資本主義（日本型経営）の路線から、グローバル化（その実、米国化だが）への対応を至上命令とする新自由主義に基づく構造改革路線への転換である。

「構造改革」の推進

私も、ドーアの見方に基本的に同意する。

構造改革自体は、１９８０年代の米国の圧力で始まった「日米構造協議」に端を発する。80年代後半の中曽根《なかそね》康弘《やすひろ》内閣では、国鉄、電電公社、専売公社の民営化を行うなど新自由主義路線が少しずつとられてきた。第一章で触れた小沢一郎の『日本改造計画』（93年）が新自由主義的改革のマニフェストだったように、この流れは90年代に入って徐々に加速する。

だが、構造改革路線が本格化したのは、やはりドーアの指摘するように90年代後半である。ちなみに、朝日新聞や読売新聞のデータベースに当たってみると、「グローバル・スタンダード」という言葉は、95年までは1件もヒットしない。それが、96年に使われ始め、

97年には急増する。

新聞をはじめとするジャーナリズムの論調が一変したのも、このころである。東谷暁《ひがしたにさとし》が指摘していることだが、たとえば、日本経済新聞は、80年代から90年代初頭までは、日本型資本主義や日本型経営を賞賛していた。しかし、バブル破裂後の93年あたりから、日本型経営を遅れたものだとみなし、アングロ・サクソン型（英米型）の市場経済こそ真の市場経済であると主張し始める。そして、90年代半ば以降は、日本もグローバル化が必要だとする、つまり、新自由主義に基づき株主重視のアングロ・サクソン型経済へ転換していくべきだとする言論活動を大々的に展開するようになる。[7]

結果的に、90年代後半から新自由主義の思想に基づく構造改革が本格的に進められていく。96年1月に村山富市《むらやまとみいち》前首相からの禅譲という形で始まった橋本龍太郎《はしもとりゅうたろう》政権だったが、同年秋の解散総選挙に勝利したことで、自民党は単独政権を取り戻した。選挙の洗礼を経た橋本政権は本格的な構造改革路線を推進した。

一つは、緊縮財政路線である。ドーアが指摘したように、それまでのケインズ主義的な財政・景気操作がとられなくなった。橋本政権以降は、緊縮財政路線が基本となり公共事業は急激に減らされていく。その結果、日本経済は二十余年間に及ぶデフレへと落ち込んでいった。

同時に、商法（のちに会社法）の改革も進められた。その一環として、企業統治のあり方も変えられた。いわゆる「コーポレート・ガバナンス」の改革である。株主だけではなく従業員、消費者、取引先、地域社会など多様なステークホルダーとの関係をバランスよく重視する「日本型経営」「日本型資本主義」から、株主利益を第一とするアングロ・サクソン型への流れが急速に進んだ。

「日本版金融ビッグバン」と称された金融制度改革が進められたのも、96年からである。金融は徐々に自由化され、日本企業の外国人株主は増えていく。現在では、東証の上場企業の3割以上の株主が外国法人であり、売買高でみれば6～7割が外国法人の手によるものである。

コーポレート・ガバナンス改革による株主中心主義の浸透、および外国人株主の増加により、経営の方針や手法、手続きも、外国人株主の評価を第一に気にかけなければならなくなった。「日本型経営」「日本型資本主義」など目指しようがなくなっているのである。

職場の変化

もう少し1990年代後半以降の日本の経済や社会の変化を見てみよう。

構造改革路線は、身近な職場にも影響をもたらした。「雇用改革」が行われ、派遣労働の解禁が進んだ。80年代半ばの中曽根政権時に派遣法が施行されるようになったが、通訳などの専門的な職業のみに限られていた。それが橋本政権だった96年以降、派遣業種の範囲が徐々に拡大されていき、小渕恵三《おぶちけいぞう》政権下の99年までに、派遣はほとんどの業種で原則自由化される（派遣禁止の業種のほうが例外となる）。

派遣労働が広がるなかで、職場の雰囲気が変わっていった。経済学者の中谷巌《なかたにいわお》の記述は非常に印象的だ[8]。中谷の知人の企業幹部は次のように語ったと言う。以前の日本企業では何でもお互いの心の内をさらけ出し、共通の目標に向かって一丸となって突き進むという雰囲気があった。しかし、今では、そんなことは望むことさえできないと言う。

中谷によれば、最近の日本の職場ではボーナスの話題はタブーである。かつての日本の職場では、ボーナスの季節になれば、その話題で持ちきりとなり、支給額が多ければお祝いをかねて、逆に額が少なければ来期での挽回《ばんかい》を誓い合うために、職場の皆で飲みに行くことも決して珍しくなかった。

しかし今では、職場での雇用形態はさまざまである。正社員もいれば、派遣社員、任期付き社員、アルバイトなども多い。ボーナスが支給されるのは、職場の一部の者に過ぎない。そのためボーナスの話題は職場では非常に持ち出しにくくなった。他にも、しばしば報道されるように、正社員しか社員食堂や保養施設などの会社の施設を利用できない場合も少なくない。

このようにタブーの話題がたくさんあるものだから、今では会社の帰りに一緒に酒を飲んでいても心から打ち解けることができない。飲みに行くことすら減ってしまった。今の日本の組織では、同じ場所で働いていたとしても連帯意識を作り出すのは難しい。かつてのような一致団結、一枚岩の感覚など、日本の企業風土からどんどん消えているのである。

一つの仮説

中谷は、日本の職場のこのような変質のため、日本企業の「競争力の源泉」だったはずの労使協調の感覚、現場主義の感覚が失われてしまうのではないかと危惧《きぐ》した。中谷の危惧は、残念ながらすでに的中してしまったのではないだろうか。「組織力」を誇ったかつての日本企業など今となっては夢のまた夢である。

日本人ビジネスマンのやる気度の低下の要因も、このあたりに求められそうだ。先に見たように、米ギャラップ社のクリフトンCEOは、やる気の低下の要因を、日本企業の集団主義的な制度やカルチャーの改革の遅れに求めた。だが、これは的外れである。日本企業は、1990年代前半までは曲がりなりにも仕事への高い意欲を引き出すことができていた。日本社会は、90年代後半からの「構造改革」の大合唱によってそれを改造してしまった。その結果、皮肉なことに、日本人ビジネスマンのやる気を引き出せなくなってしまったのではないだろうか。

文化心理学の知見によれば、「相互協調的自己観」の持ち主にとって、他者とのよい関係を作り出し、維持すること、他者の期待を受け止めそれに応《こた》えることが動機づけの中心となる[9]。部下に頼りにされる上司になること、組織の大黒柱として期待されること、縁の下の力持ちとして評価され感謝されること、などが日本人を動かす主要因である。

そのような動機づけの基盤が「構造改革」のなかで壊れてしまった。これが日本人ビジネスマンのやる気度低下の主要因だろう。米国人のクリフトンは、やる気を引き出すためにはさらなる改革が必要だと示唆するが、それは事態を悪化させるだけではないか。

仕事への意欲に関してだけではなく、近年の日本を覆っている閉塞感や疲弊感についても、このあたりに原因が求められるのではないだろうか。つまり、90年代後半に本格化した構造改革とその結果としての日本社会の変質に求められるのではないか。これは一つの仮説である。ひきこもりをめぐる言説を分析しつつ、この仮説をさらに検討していきたい。

『ひきこもりの国』

ひきこもりは、前述のとおり、1990年代前半から認知されるようになり、90年代後半から2000年代の初頭にかけて深刻な社会問題として議論されるようになった。ひきこもり問題についての議論の出発点となった精神医学者の斎藤環《さいとうたまき》の著書『社会的ひきこもり』（PHP新書）が出版されたのは、98年である。

その後、さまざまな角度からひきこもりについての論考が出版されてきたが、ここでまず取り上げたいのは、米国のジャーナリストであるマイケル・ジーレンジガーの議論である。斎藤のものなどひきこもりを扱った本の多くは、心の問題、あるいは家庭環境の問題に焦点を当てている。だが、ジーレンジガーがジャーナリストであるためか、彼の議論は、日本社会の構造そのものから由来する社会問題としてひきこもり問題を見ており、本書の主題に深い関連を持つからである。

ジーレンジガーは、『ひきこもりの国』という本を2007年に出版している（原書は

06年)[10]。この本は、端的に言えば、「ひきこもり」というほぼ日本特有の現象を題材に、米国型の自律性の理念を基準としつつ、日本の社会や文化の後進性を全面的に批判するものだ。そして、日本社会の抜本的改革の必要性を説く。

ジーレンジガーの主張では、「ひきこもり」が大きな社会問題となっているのは、日本社会の閉鎖性のためである。ジーレンジガーの取材に基づく見立てによると、「ひきこもり」の若者は、個性的で独立心旺盛《おうせい》で、なおかつ創造性豊かである。同調主義的かつ集団主義的で人々の個性を抑圧する日本社会が、こうした若者に活躍する場を与えず、社会から排除してしまっているというのである。ひきこもり現象は、日本的な同調主義・集団主義を嫌い、型にはまろうとしない個性重視で創造力豊かな若者たちが、日本社会に対する異議申し立てを行っているものだというのである。

ジーレンジガーの批判は、日本の社会や文化のほぼ全般にわたる徹底したものである。日本社会は、強固な「政官財の三角形」という有力者層の閉鎖的な癒着構造を持ち、外部者を排除する。イノベーションに対応できず決定が遅い。民主主義も機能していない。閉鎖的で集団主義的な社会に日本の人々は疲れ切っており、自殺やうつが急激に増加している。人々は外国の権威に弱く、ルイ・ヴィトンなどの舶来のブランド商品に目がない。こうした同調主義的・集団主義的社会は女性を抑圧する社会でもある。だが、日本人女性たちは目覚めつつあり、その結果、「子宮のストライキ」が一部で始まっており、晩婚化や少子化も進行している。

ひきこもり問題の解決のためにジーレンジガーが提案する処方箋《せん》とは、日本の文化や社会の徹底的な構造改革である。スピード感を持って構造改革を進めよ、そして米国のような外に開かれた、個々人の自律性や個性を重んじる国になるべきだという主張を展開する。ひきこもり現象は、一部の若者の問題にとどまらず、日本という国の写し絵である。グローバルな社会に出ていくのを恐れ、島国根性に塗り固められた特殊日本的な制度やルールを固守し続ける日本はまさに「ひきこもりの国」になりつつある。日本は、グローバルで開かれた制度やルールを受け入れ、日本の文化や社会を改造していかなければならない。

ジーレンジガーは、日本と地理的に近い韓国を頻繁に引き合いに出す。

90年代後半まで、韓国経済は日本経済を模倣していた。そのため、停滞し、アジア経済危機でも大きな被害を受けた。しかし、日本と異なり、キリスト教を積極的に受け入れ、国民のかなりの部分がキリスト教徒である韓国には、日本よりも開放的で、個性を認める土壌が育ちつつあった。韓国は、危機に直面して外資を積極的に受け入れ、改革を断行した。いまや韓国は、グローバル化や社会改革の点で日本よりも一歩も二歩も進んでいる。ジーレンジガーはこのように、韓国の進んだグローバル化を日本社会は見習うべきだと言うのである。

ジーレンジガーへの疑問

ジーレンジガーのひきこもり現象や日本社会に関する議論は、米国的なものの見方、つまり、本書で用いている言葉で言えば「相互独立的自己観」や「原理重視の道徳観」を基準とし、それとは異なるものの見方を持つ日本社会を断罪するものだ。一面的・一方的な見方に満ち溢《あふ》れており、的外れな個所が多い。ジーレンジガーのひきこもり論や関連する日本社会批判に疑問を提示するのは難しくない。

第一に、ジーレンジガーの診断が正しいとすれば、ひきこもり現象はもっと早く社会問題化してきたはずである。

前述のとおり、1990年代後半から始まったいわゆる構造改革は、日本社会を否応《いやおう》なく変えた。ジーレンジガーの分析が正しく、ひきこもりとは日本の集団主義的かつ同調主義的な社会が創造的・個人主義的精神を備えた若者を抑圧している結果だとすれば、ひきこもり現象はもっと早い時期に、つまり、ジーレンジガーが集団主義的で抑圧的だと批判する日本型社会システムが確固として存在した70年代から80年代に現れてきたはずではないのか。そして、構造改革による日本型社会システムの改造とともに、徐々に少なくなっていかなければおかしい。

だが、ひきこもり問題が認識され始めたのは、日本型社会システムが揺らぎ、その抜本的改革が開始された頃である。時間的な辻褄《つじつま》が合わない。これは、ひきこもりの原因を、集団主義的日本社会による個の圧殺という図式に押し込めるジーレンジガーの診断が誤っていることを物語っている。

繰り返しになるが、ひきこもりは、90年代前半にその存在が認知され始め、90年代後半から2000年代初頭にかけて社会問題としてさかんに報道されるようになった。ちょうど「グローバル・スタンダード」という言葉がもてはやされ、構造改革が本格的に開始された時期と重なる。そして、構造改革路線は、かつての日本型社会システムを着実に破壊しつつ、長らく日本の各種政策の主流の地位に今でもとどまっている。同様に、ひきこもり現象も現在まで深刻な社会問題であり続けている。むしろ、構造改革路線が、ひきこもり現象の発生と密接に関わっていると推測するほうが自然である。

第二に、創造性の問題がある。ジーレンジガーは、集団主義的な日本社会は、個々の創造性（クリエイティビティー）を評価せず、圧殺してしまう社会だと強調する。たとえば、『ひきこもりの国』の出版以降に京都大学で開かれた、ひきこもりに関するシンポジウムの記録でも、ジーレンジガーは、「日本は、閉じこめられたクリエイティビティーを表に出させてやり、グローバルな社会の中で他者と交わることを学ばせなければならない。そうでなければ日本自体がひきこもりになり、『ひきこもりの国』になってしまう」[11]と語っている。

だが、これも一面的なものの見方である。ビデオのVHS規格やロータリーエンジン、シャープペンシル、コンパクト・ディスク、ウォークマン、新幹線などの高速鉄道規格など、戦後だけに限っても、日本社会が生み出してきたオリジナルな発明品は少なくない。この事実は、たとえば、経営学者の野中郁次郎《のなかいくじろう》が「日本の製造業はなぜ創造的であるのか」を主題にして書いた『知識創造企業』[12]が95年に出版され欧米でベストセラーになったように、欧米社会も広く認めるところである。集団主義的な日本社会が、個性や創造性に富んだ若者を追いやっており、それがひきこもりの原因であるという分析は飛躍しており、少なくとも一面的なものの見方であると言わざるを得ない（「創造性」に関する日米の捉え方の文化差については第五章で言及する）。

第三に、ジーレンジガーの米国的な自律性を理想とする見方、つまり「相互独立的自己観」に立つものの見方やキリスト教道徳を絶対の価値基準とみなす独断的態度にも疑問を禁じ得ない。ジーレンジガーは、日本社会は集団主義的で、他者と異なることを認めない同調圧力の強い社会だと述べつつ、自身は米国的価値観を普遍とみなし、人間社会には他の価値基準（別種の自律や成熟、自己実現の構想など）があり得るということに対する想像力が働いていない。

以上のような点から、ひきこもりに関するジーレンジガーの分析やそれと関連する日本社会批判は、一面的で独断的だと言わざるを得ない。

北山忍の議論

前章で日本型自律性の理念を明らかにする際に、社会心理学者の北山忍の議論を大いに参考にしたが、北山は、ひきこもり現象についても非常に興味深い議論を展開している。[13] ジーレンジガーの議論の欠陥を解消し、ひきこもりの要因に対する有力な手がかりを提示するものである。

北山は、ひきこもりの要因を理解する手がかりとして、現代の日本人のメンタリティー（精神のあり方）のなかに潜む自己矛盾に注目すべきだと論じる。少々硬い表現だが、北山の言葉をそのまま使えば、現代日本人の多くは、半ば無意識の暗黙裡のレベルでは関係志向的であるが、明示的な意識のレベルでは関係否定的だという自己矛盾である。この「自己矛盾」について少々詳しく見ていきたい。

前章で論じたが、文化心理学の研究の蓄積によれば、日本で優勢な自己観は、米国など欧米で優勢な自己観とは異なる。欧米で優勢な「相互独立的自己観」では、自己とは他の人や周りのものごととは区別され、切り離された実体だと認識される。自己は、周囲の状況とは独立に存在する主体の持つさまざまな特性によって定義される。たとえば、能力、才能、性格特性、動機などである。

他方、日本で優勢な「相互協調的自己観」によれば、自己とは他の人や周りのものごとと結びつきの深い「関係志向的実体」だと認識される。自己の定義はそれゆえ、ある特定の状況や他者との関係に密接なつながりを持つ。

ただ、ここで留意すべきなのは、欧米で「相互独立的自己観」、日本で「相互協調的自己観」がそれぞれ優勢であるという議論は、数多くの経験的・実証的研究に基づくものであるが、これは人々の半ば無意識のレベルの認知や感情、思考のプロセスを測定した研究の蓄積から導かれてきたものだということである。次に示すような研究である。

たとえば、「私は、○○である」という自己定義を20文程度、被験者に書かせる調査がある。その定義が自己の能力特性に言及するもの（「私は短気な性格だ」「私は外交的である」など）であるか、あるいは自身の他者との関係性や社会的役割に触れるもの（「私は○○大学の学生だ」「私は1児の母である」など）であるかを測定するという調査である。欧米文化圏では前者の自己の能力特性に言及するものが多く、日本では関係志向の後者が多い。

他の例では、「動機づけ」の実験がある。一般に、ある行為を自分で選択することは、動機づけを高めると言われている。ただ、どのような場面で選択することが動機づけを高めるかは文化によって異なる。日本では、人の目がある場面で選択すると動機づけが高まる。これは人の評価が気になったり、人の期待に応えることを願ったりすることによるからである。他方、米国では選択するときに他者の目があると、意欲はむしろ削《そ》がれてしまう。米国人の場合は、選択は自分が自分のためにしたのだと感じられるときにだけ動機づけが増すのであり、他者が見ていると彼らから何らかの影響を受けた結果として選択したのだと誤って認識してしまうからである。

あるいは認知の領域でも、独立志向が強いか、関係志向が強いかの文化差は現れる。たとえば、欧米社会で生まれ育った者は、ある人の感情を判断する際にその人自身の表情やしぐさなどに重きを置く。他方、日本で育った者は、判断対象である人物自身の表情やしぐさだけでなく、その周囲の人々の表情やしぐさも考慮に入れたうえで判断する傾向が顕著である。日本社会では、ある人の感情は、周囲の人々との関係性から影響を受けることが多いという文化的仮説が背景にあるからである。

日本で関係重視の「相互協調的自己観」が優勢で、米国など欧米で個人主義的な「相互独立的自己観」が優勢だというのは、こうした半ば無意識のレベルの心理的プロセスを測定した研究蓄積から導かれた知見である。

意識レベルと無意識レベルの価値観の乖離

さて、北山の指摘する現代日本人のメンタリティーに潜む「自己矛盾」についてであるが、北山は次のように述べる。現代日本人の多くには、半ば無意識のレベルの心理的プロセスから推測される価値観と明瞭《めいりょう》に意識されるレベルの価値観との間に大きな乖離《かいり》があるというのである。

欧米でも日本でも、それぞれで優勢な自己の見方は、人々の感性や認知、道徳意識などに大きな影響を与えている。また、社会のさまざまな習慣や実践、あるいは仕組みや制度も、それぞれの自己観の影響を受けつつ培われてきた。

たとえば、欧米文化圏では、一人前の人間として認識されるためには、自己の内面に誇るべき属性を発見し、それを伸ばし、外に向かってそれを積極的に表現することが重要だと考えられる傾向がある。[14] また、そうした別個の欲求や利害を持つ個々人がぶつかり合うことは半ば当然とされ、そのぶつかり合いを公正なかたちで事後的に処理するための法システムが発達してきた。

一方、日本では、他者との関わりや社会的役割に沿うことが重視されるため、他者に迷惑をかけることや自分勝手な行動をとることは嫌がられる。一人前の人間とは、他者の気持ちに敏感に注意を払い、多様な相手や周囲の状況に気を配り、自己反省を繰り返し、柔軟に自分の考えを修正しつつ、広い視野の下、真に状況に適った思考や行為を探求していく存在だとみなされる。日本社会では、「喧嘩《けんか》両成敗」と言われるように他者との衝突はそれ自体望ましくないこととされ、人々は衝突する以前に互いに他者の観点を読み取り、調整し合うことが望ましいとされてきた。

このように、半ば暗黙裡のレベルでは、「相互独立的自己観」が優勢な欧米社会と「相互協調的自己観」が優勢な日本社会という図式は有効であり、それぞれの社会の現実を説明する力を大いに持つ。

また、暗黙のレベルのこうした自己のあり方は、長い歴史のなかで各々の社会で培われてきたもので短期間のうちには変化しがたい。前章でも少し触れたように、自己観のあり方は、たとえば言語習慣（人の呼び方など）に密接に結びついている。しつけや教育の習慣にもしっかりと根差している。こうした部分は、意識的に変えようとしても、一朝一夕に変えられるものではない。

だが、北山によれば、暗黙裡のレベルではなく、明示的判断のレベルでは、近年の日本人は、関係性を否定する傾向がとても強いということが実証研究から見て取れる。

たとえば、北山らが最近行った国際比較研究に次のようなものがある。[15] 日米英の学生に、独立志向的（個人主義的）態度と関係志向的態度をどのくらい肯定するか否かを直接的に尋ねた。つまり、「誤解されるよりはノーと言ったほうがましである」とか、「家にいるときの自分と職場にいるときの自分は変わらない」などのいわゆる自分の独立性に関する考え、および「グループのなかで決められたことを尊重するのは大切である」とか、「私は謙虚な人間を尊敬する」「グループのために自分の利益を犠牲にする」などの協調性や集団重視の考えを、どの程度正しいと思うかを回答させた。

その結果、独立志向的態度に関しては、日米英の学生たちにほとんど差異は認められなかった。しかし、協調性や集団重視、つまり関係主義的な態度に関しては、日本人学生は意外にも他の国に比べ、肯定する度合いが非常に低くなっていた。

このような調査結果から、北山は、現代の日本社会では、暗黙裡の反応から読み取れる価値観としては極めて関係志向的であるにもかかわらず、明示的・意識的なレベルでは関係否定的であると論じる。つまり半ば無意識のレベルと意識的レベルとの間に大きな自己矛盾が生じているると述べるのである。

その他の調査でも

暗黙裡のレベルでは非常に関係志向的だが、明示的意識のレベルでは関係否定的だという結果は、北山忍の以前に、社会学者の濱口惠俊が行った調査からも推測することができる。[16]

濱口は、日本人が人間関係を重視する自己を有しているという点に着目し、「間人《かんじん》」の概念を提唱した。そして、これを中軸とする日本文化論を１９７０年代後半から90年代にかけて展開した。濱口の「間人」論は、日本社会や日本型経営などに対する大きな説明力を持ち、この概念に沿った研究書が幾冊も発表され話題を呼んだ。

だが、濱口が、個人主義的な思考や行動、および間人主義的な思考や行動のどちらを支持するかを90年代後半に質問紙を用いて国際比較した調査では（つまり被験者の明示的意識のレベルを測定し比較した調査では）、日本、米国、ヨーロッパ諸国などの被験者の間に顕著な差は見られなかった。むしろ、この調査では、日本人のほうが、対人関係観について間人主義的項目を肯定しない度合いが高かった。

この調査結果が示唆していたのも、北山らの結果を先取りし、明示的意識のレベルでは日本人のほうが関係否定的だということではないかと思われる。

さらに言えば、評論家の福田《ふくだ》恆存《つねあり》が65年に書いた「親孝行」というコラムの一篇にもこれに関連した興味深いことが記されている[17]。

九州大学の心理学の教授を務めていた牛島義友《うしじまよしとも》が、小学校5、6年生に対して「お父さんやお母さんを助けるためなら、自分はどうなってもよいか」という問いを出して、その答えを「はい」「いいえ」「どちらとも言えない」の三つに分類し、それを英独仏の同年輩の児童の回答と比較する調査を行った。一見するところ、親孝行や自己犠牲という倫理になじんでいるという点で日本の児童のほうに「はい」という回答が多いと思われるかもしれないが、そんなことはまったくなかった。英独仏の児童では「はい」という回答が3か国とも90％を超えていた。その一方、日本の児童で「はい」と答えた者は56・6％に留まった。

福田はこの調査結果について、実際の行動としては、どの国の子どもも本当に両親のために犠牲になるかどうかは定かではなく同じようなものだろうとしつつも、英独仏と日本とではっきり違うことは、英独仏の子どもたちはこういう問いを出されたら「はい」と答えるべきだという教育を受けているのに対し、日本の子どもは戦後そういう教育を受けていないということだと論じた。

福田のこのコラムから次のことが言えるであろう。すなわち、戦後の日本の親は、英独仏の親と比べて、親孝行や自己犠牲という徳を少なくとも明示的・意識的レベルでは自信をもって教えることが難しくなっている。その結果、意外なことに、日本の親や子のほうが意識の面では個人主義的な様相を示しがちだということである。

このように、日本人の意識レベルと半ば無意識のレベルとの価値観の自己矛盾は、北山の指摘するかなり以前からその萌芽《ほうが》を見せていたのかもしれない。

ひきこもりを生み出すメンタリティー

ひきこもり現象の要因についての北山の議論に話を戻そう。

北山は、ひきこもり現象を引き起こす要因の少なくとも一部は、このような暗黙のレベルでの心理的傾向性と明示的な意識のレベルでの信念の乖離から生じる精神の不安定性と危うさに求められるのではないかと推測する。

次のように、北山は記す。

「ここに関係性があって初めてやる気になり、関係性があって初めて目が輝き、そして関係性があって初めてどこに注意を向けたらよいか了解する人間がいたとしよう。ところがこの人は同時に、関係性のゆえに自分は本当の自分になれないでいると強く信じているとしよう。……すると、何とかして関係性を切り捨てようとするだろう。しかし、関係性を切り捨ててしまうと、やる気も失せ、注意も散漫になり、目から輝きも消えてしまう。そこでますます悪いことが続けて起きる結果になる」[18]

このような自己矛盾、そして自己矛盾から生じる悪循環が多くの日本人に生じているという事態が、ひきこもり、あるいは無気力、自殺の増加などの現代の社会病理や精神病理の背後にあるのではないかと北山は論じる。

日本では、個人主義に向かうこと、つまり関係性を否定することは「新しく」「近代的で」かつ「進歩的」なことなのだという議論が戦後、急速に広まった。北山の見方では、こうした明示的レベルでの個人主義的価値観は、全共闘世代あたりまではほぼインテリの間だけに留まっていた。しかし、その後、特にここ四半世紀ほどは、一般の間でも定着しつつある。明示的な意識のレベルでは、近年、関係性を否定する価値観が広まった。「たとえば、『自己責任』の名の下に地方のコミュニティーは崩壊し、人間関係や組織の規範などにひびが入ってきているところも多いように思われる」[19]

だが、その一方で、半ば無意識の暗黙のレベルでは、従来と同様、関係志向的な心理的傾向性が継続している。

この自己矛盾が、ひきこもりをはじめとする現代日本の抱えるさまざまな苦境の背後にあるのではないかと北山は推測するのである。

以上のような北山の議論は、ひきこもりや現代の日本人の多くが感じている閉塞感の要因を考えるうえで非常に大きな手がかりを与える。特に、よかれと思って1990年代後半以降、邁進《まいしん》してきた構造改革路線を続ければ続けるほど、閉塞感が高まっていく状況をうまく説明するように思う。

「ダブル・バインド」とは

北山は用いていないが、北山の描き出す現代日本人のメンタリティーに潜む自己矛盾は、心理学の用語でいう「ダブル・バインド」の状況にあるといえる。ひきこもり現象の背後に、「ダブル・バインド」を見出す論者は、北山のほかにもいる。

幾人かの論者の見解を見ていく前に、まず「ダブル・バインド」という語を説明したい。ダブル・バインドは、精神医学者グレゴリー・ベイトソンが1950年代に考案した概念である。[20]

ダブル・バインド（二重拘束）とは、異なったレベルのコミュニケーションのなかで相互に矛盾するメッセージが発せられ、その受け手が混乱し、がんじがらめとなり、そこから抜け出せない状態である。一般に、コミュニケーションには、さまざまなレベルのものがある。たとえば、通常の会話や議論もあれば、そうした会話や議論を「さっきのは冗談だからね」と言うようなコミュニケーションについてのコミュニケーション（つまりメタレベル〈より上位のレベル〉のコミュニケーション）もある。言語的レベルのコミュニケーションもあれば、非言語的な暗黙裡のレベルのものもある。

ベイトソンは、統合失調症の主な要因として患者が幼少期などにダブル・バインド状況を頻繁に経験したことが挙げられるのではないかと論じた。

ダブル・バインド状況の一つに、言語的レベルと非言語的レベルのメッセージが異なることから生じるものがある。たとえば、育児ノイローゼに陥っている母親は、子どもに対し、言語的には「〇〇ちゃん、よい子だね。お母さんのほうにおいで」と語りかけつつ、その言葉を受けた子どもが実際に近寄っていくと、母親は表情や声の調子、動作などで嫌悪感を発するというような事例である。

こうしたダブル・バインドなコミュニケーションに長期間さらされると、子どもは、混乱してしまい、コミュニケーション能力の発達が阻害されてしまうという。また、精神的に不安定な状態に陥りやすくなると言われている。

ダブル・バインドとひきこもり

自己矛盾に陥っている現代日本人のメンタリティーを作り出してきたのは、現代の日本社会にダブル・バインドなメッセージがあふれているためだと言ってよいだろう。

半ば無意識の暗黙のレベル（習慣的レベル）では、人間とは他者との関係のなかで暮らし、他者との調和を求めつつ、自己を活《い》かしていくべき存在であるという関係志向的なメッセージが根強くある。日本の伝統や文化、習慣、昔ながらの各種の制度のなかにはそうしたメッセージが数多く埋め込まれている。しつけや子育て、教育も暗黙のレベルではそういうメッセージを子どもに伝えている場合が多い。そして実際、その中で生まれ育った日本人の多くは、「相互協調的自己観」を身に付け、半ば無意識のレベルでは関係志向的な思考や行動を日常的に実践している。

だが、明示的・言語的レベルにおいては、戦後日本では、関係志向的な思考や行動はあまり推奨されず、むしろ「遅れたもの」「ムラ社会的なもの」とされ、低い評価を受けることが少なくない。知識人の著作やジャーナリズムの報道などには、関係志向的なものを否定し、より個人主義的な倫理を主張するものが戦後、一貫して多かったといえよう。加えて、特に1990年代後半の構造改革以降は、アングロ・サクソン型の各種のルールや制度が導入され、そうしたルールや制度への適応という観点からも個人主義的かつ関係否定的な思考や行為の型を要求する言説やスローガンが増えた。

そのため、現代の日本人は、暗黙のレベルでは関係志向的なメッセージを、他方、明示的・言語的レベルでは関係否定的なメッセージを受けることが多く、一部の者は、そのなかで身動きがとれなくなってしまう。ひきこもりの背後には、こういう要因があるのではないか。北山忍の指摘は、このように言い換えることができるであろう。

北山以外にも、ひきこもりの要因として、こうしたダブル・バインド状況を指摘する論者がいる。[21]

たとえば、カウンセラーの岩田真理《いわたまり》である。岩田は森田《もりた》療法に詳しく、森田療法関係の書籍や論文を多数執筆している研究者でもある。

岩田は、多くのひきこもり現象の背後に、神経症の一種である「対人恐怖症」があるのではないかと言う。そして、対人恐怖的なひきこもりの要因として、現代の日本社会に広く見られるダブル・バインド状況があるのではないかと論じる。

私は、岩田のご厚意で、2017年春に直接お話を伺う機会を得た。そのときご教示いただいたのだが、著名な精神医学者である近藤章久《こんどうあきひさ》の対人恐怖症に関する1970年に書かれた論考がある。岩田は、近藤の議論と自身の臨床の経験から、ひきこもりとダブル・

バインドの関係を類推している。

近藤は、日本に昔から多い対人恐怖症の原因の一つとして、日本における相対立する二つの社会的要請の存在を指摘していた[22]。

二つの要請のうち、一つは「配慮的要請」と近藤が呼ぶものである。これは、人間関係に対する配慮を強調するものであり、「人に好かれなければならぬ、よく思われねばならぬ」という要請である。「配慮的要請」は、伝統的に日本社会には広く見られる要請である。他者と調和し、我を抑えつつ、和やかな人間関係を維持しようとするものである。前章でも見たが、「配慮的要請」は子育ての場面でも強調され、周囲の他者に気を配るやさしい、素直な子が日本では広く暗黙裡に求められる[23]。

もう一つは「自己主張的要請」である。こちらは、「明治以来の近代化による競争社会を反映して」強くなったもので、他者よりも「偉いものに見られなければならない」「劣ったものに見られてはならない」という要請である。

近藤によれば、対人恐怖症者は、この二つの要請を双方とも強く内面化している。二つの要請は、日本社会では相対立することが多い。つまり、他者と闘争し優越するためのあからさまな自己主張や攻撃性、対立的態度はあまり好まれない。したがって、この二つの要請をともに強く内面化した者は、矛盾する二つの要請の間での心理的緊張や葛藤《かっとう》を抱え込む。この心理的緊張や葛藤が、対人関係の不安定性やそれに対する不安を招く。近藤によれば、対人恐怖症は、この不安に対する防衛的反応として、たとえば、赤面恐怖や視線恐怖といった形の神経症として生じるものである。

岩田は、現代のひきこもりの人々には、近藤が描いたような対人恐怖的な心理特性を持った人が多いとみる。そのうえで、「ダブル・バインド」の概念を用いつつ、ひきこもりの要因を現代の文脈でとらえ返す[24]。

現在の「学校教育では、教師はとにかく生徒に『自由に表現しなさい』『自分の意見を言いなさい』と言う」。「米国を見習ってディベートなども授業に」取り入れられる。ところが、日本の社会の底流に脈々と流れているのは、やはり集団の調和を重視する見方である。「調和を乱してはいけない」「周囲と足並みをそろえなくてはならない」といった暗黙の了解がある。

岩田は以上のように、日本の若い世代を取り巻くダブル・バインド的状況を指摘する。つまり、若い世代は、言語的メッセージとして近年は、「自由に表現しなさい」「自分の意見を言いなさい」などといった個人主義価値観に頻繁にさらされる。しかし、暗黙のメッセージとしては、やはり現在でも、家庭においても学校においても、「やさしい素直な子」「人の気持ちによく気がつく子」こそ、よい子であり、他者との協調が大切だという関係志向的なものが伝えられている。対人恐怖症的なひきこもりの人々は、こうした二つの相矛盾するメッセージを強く体感してしまい、身動きがとれなくなり、社会から退却してしまうのではないかと岩田は推測する。

「自立社会」の落とし穴

臨床心理士の高塚雄介《たかつかゆうすけ》も、ひきこもりの要因について類似の見解を示している。

高塚は、２００２年に『ひきこもる心理　とじこもる理由――自立社会の落とし穴』（学陽書房）という書籍を発表している。副題にあるとおり、この本では、ひきこもりの主な要因の一つとして、現代の日本社会が「『自立』を至上命題とする心の状態を持つことを強く要求する、自己強化型社会[25]」になってしまっていることを挙げる。「自己決定」「自己責任」という言葉が至るところに用いられ、それが可能な人間のみが賛辞を集める社会となった。また、「他人としっかりと言葉で議論し、対峙《たいじ》できる自我を持つ人間が尊敬される社会」になりつつあると見る。現代社会で育つ子どもは常に「自分で考え、自分で判断しなさい」「主体性を持ちなさい」という言葉を親や教師から投げかけられる。高塚によれば、こうした「自立」を強調する社会では、本来ならば、それを可能にするきめ細かい対応が工夫される必要があるが、現在の日本はそうはなっていない。[26] その結果、自立という課題がどんなに突きつけられても、「それを可能とするだけの潜在的能力をもともと有している一握りの人間」か、もしくは「他人からどう思われようと自分にはまったく関係ないというように、割り切れる人間」かのどちらかでなければ、生きにくい社会になってきていると高塚は論じる。実際のところ、これら二つのタイプの若者は多いわけではない。これらのタイプではない多数派の若者のなかで、「自立」という課題を深刻に受け止めつつ、それが達成できないと脅威に感じてしまった者が対人関係から退却していくというのである。[27]

高塚は、東京都が行ったひきこもりの調査に関わり、「実態調査からみるひきこもる若者のこころ」と題する報告書の作成を主導しているが、この報告書のなかで次のように記す。質問紙調査の回答や面接の結果として、ひきこもり状態にある若年者の特徴を一言で言うならば「内的矛盾を抱えたまま、葛藤回避的な世界に何とかしてしがみつこうとしている若者たちである」[28] というのである。

この「内的矛盾」とは、北山忍や岩田真理などが指摘するものとほぼ同様である。

「……自分へのこだわりという**近代的自我**と、他者との調和を気にするという**古典的自我**とが共存していると考えられる。このことについてさらに付言するならば、『自分を大切にする』『自己実現こそ大事』などの言葉に象徴される近代的（欧米文化的）な自我を今の若者たちは確かに育まれている。その一方では、他人との調和を大事にするという、極めて東洋的というか日本的な自我もまた育まれており、その両者が内面において共存していると考えられる。それは時として……かなり矛盾した心的状態をもたらすのではないだろうか[29]」

もちろん、経験を重ねることにより、あるいは日本的な「本音」と「建前」を使い分けていくスキルが身に付くことにより、次第にこの矛盾は解消されていくのかもしれない。だが、経験に乏しく、「本音」と「建前」を使い分けること自体を悪と捉える今日的価値意識のため、若者たちに内的な乖離状態をもたらしやすくなっていると高塚は考える[30]。

壊される心理的土台

幾人かの論者の議論を取り上げつつ、日本社会に蔓延する疲弊感や閉塞感、ひきこもりなどの要因について考えてきた。以上のように、一種のダブル・バインド状況が根底に潜んでいるのではないかということが推測できる。

現在の日本社会では、半ば無意識の暗黙のレベル（習慣的レベル）では、人間とは他者との関係のなかで暮らし、他者との調和を求めつつ、自己を活かしていくべき存在であるという関係志向的なメッセージが、昔とさほど変わらず、さまざまな習慣や古くからの制度のなかに埋め込まれている。

実際、日本人の多くは、「相互協調的自己観」を身に付け、関係志向的な思考や行動を日常的に実践している。北山らが実証的に明らかにしてきたように、現代でも、多くの日本人が、自分自身が何者であるかを了解したり、やる気（動機づけ）を感じたり、認識の枠組みを得たりするのは、やはり他者との関係のなかなのである。こういう半ば無意識の心理的メカニズムは、長い歴史を経て培われてきたものであり、なかなか変化するものではない。

だが、明示的・言語的レベルでは、現代の日本では、関係志向的な思考や行動はあまり推奨されない。むしろ「遅れたもの」「ムラ社会的なもの」として、批判の対象となりがちだ。知識人の著作やジャーナリズムの報道などには、関係志向的なものを否定し、より個人主義的な意識や倫理を主張するものが多い。子どもたちも、家庭や学校のなかで、「主体性を持ちなさい」「自分のことは自分で決めなさい」「自己責任原則は大切だ」などという言語的メッセージを近年、常に受け取っている。１９９０年代後半の構造改革以降は、経済の世界でも、アングロ・サクソン型の各種のルールや制度が導入され、新しいルールや制度の下では個人主義的かつ関係否定的な思考や行為の型を要求される場面が増えた。

こうしたダブル・バインディングな状況のなかで、内的矛盾や葛藤を抱え、心理的に不安定な状態を抱え込んでいる人々は少なくない。加えて、先に見た、ボーナスの話題がタブーとなってしまった職場のように、心理的な土台となるべき人間関係の結びつきを感じられる場が、構造改革の結果、ますます少なくなってきてしまっている。

知識人と改革の政治

前出のカウンセラー高塚雄介が、ひきこもりの若者は、保護者が知的職業に従事している家庭の子が多いのではないかという推測を記していることは興味深い[31]。

高塚は、ある審議会の席上で、ひきこもりなど、カウンセラーの下に通ってくる子どもたちの保護者は「教師・医者・看護保健等の従事者・弁護士・マスコミ関係者・大学教員・研究者など、いわゆる知的職業に従事している人が少なくない[32]」と発言したことがあるそうだ。高塚が指摘した職業というのは、まさしくその審議会を構成していたメンバーの職業が網羅されているものだったため、当惑が生じたとのことだ。

高塚のこのエピソードは、二つの点で興味深い。

一つは、ここまで論じてきたひきこもりなどの要因としてのダブル・バインド状況の存在と大いに関係すると考えられるからだ。

高塚は、カウンセリングの経験のなかで、今日の社会で、「知的職業に従事する人たちが考えたり行動したりしやすい生き様のなかに、『ひきこもり』を生じさせやすい鍵《かぎ》が潜んでいるという感触を持った」と述べる。それは、「親の自立強迫的な子育てと、その影響下に置かれた子どもの、自立することへのこだわりであり、そうした自立できないことへの恐れ」ではないかというのである。

保護者が知的職業に就いている家庭は、教育熱心な家庭が多いであろう。教育熱心な家庭は、半ば無意識のレベルでは日本的な「よい子」、つまり他者の気持ちに気を配る素直でやさしい子を求める一方で、言語的レベルでは、最近の風潮に合わせて「自己責任」「自律性」「言語的自己主張」などを強く求めるメッセージを絶えず送る場合が多いのではないだろうか。ダブル・バインド状況を強化しやすい土壌をインテリ家庭はより高い確率ではらんでいる可能性がある。

第二に、「審議会」である。高塚が参加したものだけではなく、いわゆる「審議会」の構成員になりそうなのは、ほぼ高塚が挙げたような職業の人々だろう。１９９０年代後半以降の政治は、しばしば「審議会の政治」と言われるほど、この種の専門家集団の声が政策形成に影響力を持ち、彼らの声が反映されるようになっている。

高塚が指摘するように、おそらくインテリであるほど、少なくとも言説の面では、自律や自立、自己責任など個人主義的価値観を信奉する傾向があると言える。そのため、結局、１９９０年代後半以降、自律や自立、自己責任などをキーワードに、構造改革がさまざまな分野で大々的に推し進められるようになった。そのことが、社会的に、疲弊感、閉塞感を蔓延させ、ひきこもり現象を深刻な社会問題にしてきた一因だと言えるのではないだろうか。

日本人の「しあわせ」観

芥川《あくたがわ》賞作家で禅宗の僧侶《そうりょ》でもある玄侑宗久《げんゆうそうきゅう》によれば、日本語の「しあわせ」の言葉の起こりは、奈良時代で、当時は「為合《しあ》わせ」と書いたそうだ。[33] 行為の「為」を「合わせる」、つまり、私がすることと、他の誰かがすることを合わせるというのが本来の意味だということだ。

「他の誰か」というのは、当初は「天」だった。天のめぐり合わせが私に合うかどうか、それが「為合わせ」だったのである。それが、室町《むろまち》時代になると、「為合わせ」の「為」という字が「仕」に代わり、「仕合わせ」と書かれることが多くなってきた。それに伴って意味も変わってくる。相手が天ではなく、「人」になってきたのである。

剣道などの試合を以前は「仕合」と書いた。自分と他の人の行為を合わせて、比べることが「仕合」（試合）である。

「しあわせ」も、「仕合」と似た意味で、互いの行為や意思がうまく合わさり調和した状態、人と人との関係がうまく行く状態を指すようになった。そしてそれが現在の「幸せ」の意味につながったというのである。

このように玄侑によれば、個人主義的でゼロサム的な欧米の見方とは違い、人間関係を重視する日本では、他の人々とうまく調和した状態を「しあわせ」(仕合わせ)、つまり幸福だと考えてきたというのである。「しあわせ」という言葉の語源には、これ以外の説もいくつかあるようだが、なかなか興味深い。

文化心理学の研究でも、日本人は、米国人と比べて、幸福を、他者との調和的関係に見出す傾向が強いという結果が得られている。たとえば、北山忍らが行ったある研究では、米国人は自分が他者から独立しており、他者よりも勝っているという自分の優位性が感じられたときに幸福感を多く覚える。他方、日本人は、他者との調和的なつながりや結びつきが感じられたときに幸福だと感じる度合いが高い[34]。

これは、私の実感にも合う。学生など若い世代でもあまり変わらない。

たとえば、今年(2018年)の正月の箱根《はこね》駅伝の中継は、往路、復路ともに関東地区の平均視聴率が29%を超え、非常に高かったそうだ(往路の視聴率は歴代1位、復路は歴代3位)。若い世代を含め多くの日本人は駅伝が好きだ。個人競技のマラソンではさほど泣けない。駅伝が集団競技であるところに、つまり選手が目標を共有し、協力し合い、たすきをつないでいくところに、多くの人々が感動するのだろう。

スポーツに限った話ではない。『プロジェクトX』というNHKの人気番組があった。人々が、いかにしてチームを組織し、団結して技術革新などを成し遂げたかを描くものだった。現在は、後番組の『プロフェッショナル 仕事の流儀』が放映されているが、組織ではなく個人に焦点を当てているためか『プロジェクトX』ほどの人気はないようだ。

日本人は現在でも、少なくとも日常生活においては、さまざまな他者とのつながりのなかに自分を置いてこそ、感情が鼓舞され、動機づけが高まり、生きるうえでの充実感、幸福感を抱くのだと言える。

だが、明示的な意識のレベル、言説のレベルでは、「欧米的」「近代的」だというイメージのある個人主義的かつ関係否定的な言説に惹《ひ》かれる。そしてそれに基づき、子どもに「主体性を確立しなさい」「自分のことは自分で決めなさい」「自己責任は大切だ」といった言語的メッセージを発し、日本社会の大規模な構造改革も行ってきた。

結果的に、心理的にはダブル・バインド状況を招き、社会的には動機づけや充実感の土台を打ちくだいた。その表れが、ひきこもりの増加であり、ビジネスマンのやる気の低下であり、社会に蔓延する疲弊感や閉塞感だと思われる。

第四章　「日本的なもの」の抑圧

——紡ぎだせないナショナル・アイデンティティ

近代化のなかでの日本的なもの

前章までの議論で、現代日本人の心理における自己矛盾ないしダブル・バインドな状態について触れた。

半ば無意識の暗黙のレベルでは、日本人は、従来と変わらず、人間関係のなかで自己を規定し、他者との調和を重視し、自律や成熟も他者との関わりにおいて得られるものだと捉《とら》える傾向がある。仕事への動機づけや幸福を感じ、いきいきと暮らすことができるのも、他者との関係が充実してこそである。そうした関係重視の心理的傾向性を備えている。また、しつけや教育の実践でも、半ば無意識のレベルでは「やさしい子」「人の気持ちによく気がつく子」「鋭敏な感情移入能力を持つ子」を育てようとしている。

にもかかわらず、明示的意識のレベルでは、米国型の個人主義を理想とし、従来の関係重視の人間観や道徳を否定的に捉える見方が広がった。そして、米国型の人間観や社会観を前提とする経済的・社会的・政治的制度を打ち立てるために近年、さまざまな構造改革を進めてきた。教育の場でも、自己主張の大切さが説かれ、「自律しなさい」「主体性を持ちなさい」「自己責任が当然だ」と子どもは繰り返し説かれる。ディベートなども教育に取り入れられるようになった。

ダブル・バインドが生じたのは、非欧米で近代化を目指してきた日本という国の宿命なのかもしれない。

明治以来の近代化のなかで、日本的なものは常に「遅れたもの」「改革すべきもの」とみなされ、負の価値が付与されてきた。日本が欧米に追い付き、そうした後追い型の近代化からいくぶん解放されたかと思われるたびに、第二次大戦での敗戦など、あらためて日本の文化や社会、経済はやはり遅れている、改めなければならないという言説が生じ、生真面目な日本人はその都度反省し、新たな改革に邁進《まいしん》するということを繰り返してきた。日本的なものの見方や価値観、感覚などをできることならば改造していこう、捨て去っていこうという動きである。

しかし、長い年月を経て培われてきた日本的なものの見方や価値観、感覚を簡単に捨て去ることはできない。無理にそれを行おうとすれば、つまり抑圧しようとすれば、さまざまな歪《ゆが》みが生じてくる。本章では、日本的なものの抑圧、およびそこから生じてくる歪みについて考えていきたい。

「グローバル・スタンダード」の流行

日本的なものに負の価値が付与された近年の大きな動向といえば、１９９０年代のバブル経済の破裂、およびそれに続く構造改革である。

戦後、高度経済成長を経験した日本は、90年代前半までは、「経済一流、政治三流」としばしば言われ、経済面に関しては、多くの日本人が一応の自信を抱いていた。また、「日本型経営」「日本型資本主義」と称される日本型システムを、試行錯誤のなかから徐々に形成してきた。曲がりなりにも、関係重視の日本人の志向にかない、仕事へのやる気や充実感、幸福感を引き出すシステムを作り上げてきた。

だが、経済に対するこのときの自信は、盤石なものではなかった。日本型経営や日本型資本主義も、しっかりとした理論に裏打ちされ、意図的・意識的に整備されてきたものではなかった。ロナルド・ドーアが指摘するように、日本型資本主義は、明示的な法や制度に基づき設計されたものというよりは、むしろ戦中や戦後の歴史的経緯や労使交渉のなかからいわば試行錯誤的に生み出されてきたものなのである。[1] 会社法や民法などの法的裏付けがあったものではない。日本型資本主義が全盛だったころでも、法的には会社は株主のものとして規定されていた。日本型資本主義とは、慣行の組み合わせによって徐々にかたちを成してきたものだったのである。
知的・理論的裏付けが不十分だった分、日本経済が不況に陥ると、その原因を日本型経営や日本型資本主義に求める声が大きくなった。前章でも触れたように、バブル経済の破裂やアジア経済危機を経た90年代後半に至ると、日本型経営や日本型資本主義を賞賛していた世論は一気に変わった。グローバル・スタンダード、すなわちアングロ・サクソン型の経済の進め方に準じたものへと日本の経済や法の枠組みを改造する方向に急激に傾いたのである。[2]
当時の論調は、「日本型経営や日本型資本主義は、日本という島国でのみ通用するローカル・ルールである。もっと開かれたものへと改革しなければならない」というものだった。たとえば、次のような記事にそれが表れている。
「……『追いつき、追い越せ』の戦後成長の過程では有効だった島国の『ローカル・ルール』が頂点を極めたあとも成熟した世界市場で有効と錯覚してしまった。……『グローバル・スタンダード』。今、金融に限らず、経済のルール再構築にこの言葉が強調されている。これは米国主体のルールとの批判がないわけでもない。しかし、冷戦構造が崩壊し、『対立』から『共有』へと、共通の価値尺度を模索しようと求めているときに、日本だけのローカル・ルールが通るはずもない」(「透明性、経済再生のカギ　処理ルール確立を急げ　山一証券破たん」朝日新聞1997年11月23日朝刊)

新聞だけでなく、書籍や雑誌、テレビなどでも「グローバル・スタンダード」という言葉があふれた。当時の経営の書籍では、たとえば次のような一節が典型的に見られた。

「世界標準の経営、グローバル・スタンダードの経営とは、いったいどのようなものだろうか。

簡単に言ってしまえば、『世界中のあらゆるビジネスマンから理解される経営』ということになる。その主旨は、みんなにわかりやすい共通の基準に基づいてビジネスを行うというものである。……欧米企業は、それも特にグローバルに事業展開している会社は……グローバル・スタンダードを目指したマネジメント・システムを確立しようとしている。

なのに日本企業は、この流れに乗り遅れつつある」[3]

「言説の二重性」

京都大学名誉教授の佐伯啓思《さえきけいし》は、1990年代の構造改革に対して当時から疑問を投げかけていた数少ない論者である。佐伯は、構造改革とは、結局のところ次のような単純な思考に支えられていたとする。

「(1)日本は公正で透明な市場競争と民主主義を実現していない。日本的慣行や集団主義という悪しき習慣に日本人は浸《ひた》されており、『世界』の標準から隔離されている。(2)この遅れた日本の構造を保守しようとしているのは、主として非民主的な官僚勢力であり、大多数の市民はこの官僚の情報操作によって『遅れた構造』の中に取り込まれている」[4]

これは、第一章で見た小沢一郎の『日本改造計画』にも端的に表れていた思考図式である。非自律的で集団主義的な日本社会のシステムを改め、より自律的な市民からなる社会に作り替えていかなければならないというものである。

当時、このような単純な思考を、エコノミストをはじめとする評論家、ジャーナリスト、政治家、財界人が押しなべてごく当然のことであるかのように口々に唱えた。ついにはほとんど自明の世論として大合唱するにまで至った。佐伯は、こうした思考が、わが国の

「公式的な言説」あるいは「公式の思考」であったと表現する。

しかし興味深いのだが、同じころ佐伯は「奇妙なことを体験」したとも述べる。佐伯は「改革論の進め方」について疑問を呈し、多くの人と話していた。すると、一見したところ構造改革に与《くみ》しているように見えるかなりの人、あるいはそうした立場にあるはずの人が、個人的な会話のなかでは実際には改革論に疑問を持っていると言ったそうである。新聞記者やジャーナリスト、財界人など、多くの人たちが、佐伯の疑義に共感を示したのである。改革を唱えるエコノミストでさえ、日本的経営に支えられた日本の製造業の強さについては疑いを入れず、非公式の場では、日本的経営は決して時代遅れだとは言えない、などと語っていたというのである。

改革論に与しているような立場の人々もこうであるゆえ、佐伯は、地方の中小企業の経営者やサラリーマンでは改革論への支持はもっと少なかったと推測する。実際、97年の規制緩和の大合唱のただなかに行われた電通総研のアンケート調査でも、規制緩和を支持する者の割合は20%に過ぎなかった。つまり、改革を支持する世論と、それに抗する官僚主義という図式が人々の意見分布を反映しているとは到底言えなかったのである。

それにもかかわらず、改革論への疑問は、決して世論という言説の表面には表れなかった。「世論」という名の下に集約される人々の主流の声は、あくまで構造改革の必要性を説くものであり、それが「公式」のものとして認知された。

佐伯は、ここに「言説の二重性」を見出《みいだ》す。佐伯があちこちで耳にした声はあくまで「非公式」なものに留《とど》まる。決して「世論」には反映されない。公の会議などでもほとんど語られない。

こうした「言説の二重性」は構造改革に対する賛否だけには限られず、戦後日本社会にかたちを変えつつ、常に流れているテーマソングのようなものではないかと佐伯は言う。

構造改革論の背後にある前述の「公式的な言説」、つまり「（1）日本はまだ十分に市場化・民主化されていない遅れた社会である。（2）日本を動かしているものは官僚であり、市民は官僚に情報操作されている」というのは、もとをたどれば、戦後日本の出発点となった米国による占領政策の基調となった日本理解に突き当たるのではないかと佐伯は指摘する。占領政策の基調となったのは、同工異曲の次のようなことであったからである。「（1）日本はまだ民主化していない、それゆえ個人の確立が見られず、半封建的な遅れた社会である。（2）そしてこの日本を支配してきたのは軍と官僚であり、大衆は彼らの情報操作によって騙されてきた[6]」

やはり、非自律的で集団主義的な日本社会を欧米のような自律的市民からなる社会に作り替えるべきだというものである。

この認識もしくは宣伝によって米国は対日占領政策を正当化した。この背後には、先の大戦を「ファシズム・軍国主義に対する民主主義の戦い」と位置付ける米国の立場があり、人間社会は集団主義的な封建制から、自律した個人の市民社会へと進歩すると解釈する米国のイデオロギーがあった。

江藤淳《えとうじゅん》などが描き出したように、米国の主導するGHQは戦後、この米国的イデオロギーを日本社会に広めるため、占領中、徹底した検閲政策をとった[7]。日本の主流派のジャーナリズムや知識人は、米国の世界観や歴史観をすっかり内面化してしまったようだ。日本が占領から復帰し、主権を回復した後も米国的なものの見方は大きな影響力を持った。

この西欧市民社会論の表層をすくって作り出したようなイデオロギーが、戦後日本人の「公式言説」の中心部となった。「民主主義 対 軍国主義」「市民社会 対 封建社会」という図式は、ほとんど吟味されたり検討に付されたりすることなく、「公式」にはほぼ無条件に受容されることとなった。米国によって導入された西欧近代主義的な用語を「公式的言説」とすることによって戦後日本は、連合国が作り出した国際秩序に復帰したのである。

１９９０年代半ば以降の構造改革論が瞬く間に「公式的に」流通し、それを批判する「公式的言説」を誰も持ち得なかったのは、戦後日本社会のそうした流れのなかにあるからではないかと佐伯は論じる。構造改革論は、戦後の米国の占領政策の延長線上にあるのだ。そして上記の（１）（２）を絶えず日本に説く米国と、その言説を内面化し、「公式化」することで思考停止に陥った日本という図式は、戦後の日本社会を貫く言語的枠組みだというのである。

「日本的なもの」の抑圧

佐伯は、この「言説の二重構造」を言い表すのに、「顕教的な価値」と「密教的な価値」という言葉も用いている。[8]

戦後日本では、マスコミや学者、評論家が広く用い、喧伝《けんでん》するアメリカ的で「普遍的」な理念が「公式的」なもの、つまり大っぴらに公の場で語ることができるものとなった。つまり「顕教的な価値」となった。たとえば、最近では「個人の自由」とか「選択」「自己責任」「グローバル化」「多様性（ダイバーシティ）」「民主主義」「多文化共生」「挑戦」「起業家精神」などといったどこか米国っぽい言葉で表される理念である。こういうものが主流の言説空間に流通し、「改革」の目標として選ばれる。

他方、「日本的なもの」「日本的な価値」と称されるようなさまざまな伝統的もしくは土着的な習慣や思考は、言語化し、公の場で語ることが憚《はばか》られるものとなった。いわば「密教的な価値」となり、非公式な場面でしか扱われにくくなった。そのため、十分な意識化や言語化、体系化が進んでいない。意識化や言語化が進んでいないわけであるから、「改革」の目標にもなり得ない。

終戦以来の日本の最大の課題は、国際社会に迎え入れられ、承認を得、名誉ある地位を占めることであった。そのため、米国的な理念に彩られた「公式的」なものだけでやっていこうとしてきた。

だが、佐伯は、当然ながらそれはうまくいかないと指摘する。米国など外国から取り入れた言説だけでは、我々の生活も思想習慣も成り立たないからである。「日本的なもの」と称されるさまざまな伝統的もしくは土着的な習慣や思考は、現実にはいくらでも残されてきているし、実際、それなしではやっていけない。「われわれの日常の生活感覚や人間関係や美意識といった次元まで降りて、こうしたものを排除することはさすがに不可能」[9]である。

だが、こうした伝統的もしくは土着的な「日本的なもの」は、「『公式的』には表現されず、『非公式な』文化や思想や慣習として潜在化している」[10]。そして佐伯は、公式的に表明される「顕教的な価値」と、公の場では表現されない「密教的な価値」との二重構造こそが、いわゆる「戦後レジーム」だというのである。

ここで佐伯が見出しているのは、本書で見てきたダブル・バインド状況とほぼ同種のものだと言っていいだろう。言説のレベルでは米国的な価値観やそれを表した言葉が流通し、日常生活のレベル、慣習のレベルでは日本的な価値観や感覚が根強く残っている。

また、佐伯が強調しているのは、この二重構造において、絶えず「日本的なもの」は、公的な場から排除され、「潜在化」されようと、つまり、いわば抑圧されようとしているということなのである。

朝日新聞の１９９７年の元日社説

戦後の日本社会では、西欧市民社会的なものを理想として抽出した「公式的」な思想や言説と、日本の伝統的ないし土着的な思想や慣習、感覚との二重構造がある。後者には抑圧の力が働く。そのため、後者は公式的な場から追いやられ「非公式」なものとなっている。

このような戦後日本社会の状況を端的に表すものとして、朝日新聞のある社説記事に着目したい。「井戸の水をかき回そう　『二十一世紀への助走』」と題された１９９７年の元日の社説である。97年とは、まさに「グローバル・スタンダード」を目指す構造改革が本格化する年である。

周知のとおり、元日の社説は各紙とも、その年の論説の方向性を示すものとして大いに力を入れて書く。この社説は、当時の日本の知識層の日本社会や構造改革に対する見方がわかりやすく表れており、大変興味深い。少し長いが、一部を引用してみよう。

「井戸の水をかき回そう　『二十一世紀への助走』」

○上澄みだけの近代日本

「いまの日本は井のなかのカエルではない。井のなかのクジラだ」と言ったのは、韓国の経済学者、金泳鎬《キムヨンホ》さんだ。日本は国際的にはクジラのような存在なのに、内なる国際化の水準は井の域を出ていない、と金さんは言う。

私たち日本人はこの一世紀、小さなカエルを巨大なクジラに成長させようと、懸命になってきた。おかげで図体《ずうたい》だけは大きくなった。しかし、しょせんは井のなかだ。本格的に井戸を浚《さら》うこともなかったから、こけむした井戸の底のあたりはカエルのすみか時代そのままである。

井戸の水を汲《く》むとき、人びとはふつう、太陽の光が反射してきらきらと輝く、美しい水面しか目にしない。井戸の深い底まで思いをいたすことはまずない。

今世紀の日本を井戸に見立てるならば、この太陽光は欧米の近代文明思潮だった。もともとそれは、例えば「市民社会」といったものを基盤として、成り立ったものである。だが、明治以降の指導者たちは列強に追いつくことに忙しく、この根っこの部分に細心の注意を払うことはなかった。近代国家日本は、井戸の表面にできた上澄みだけをすくいとるような形でつくられた、と言っていいだろう。

問題は、それ以後、上澄みが上澄みにとどまり、いっこうに攪拌《かくはん》が起きなかったことである。この国の権力機構は、長いあいだ、市民社会的な枠組みをつくることより、人びとを「保護」し「善導」する方向を選んできた。

日本の文化現象を木にたとえ、根が地層のどこまで届いているかを考えた故桑原武夫さんは、つぎのように書いている。

「西洋の影響下に近代化した意識の層があり、その下にいわゆる封建的といわれる古風なサムライ的、儒教的な日本文化の層、さらに下にドロドロとよどんだ、規定しがたい、古代からの神社崇拝といった形でつたわるような、シャーマニズム的なものを含む地層があるように思われる」

桑原さんのいう「三つの層」は、文化にかぎらず、あらゆる分野で日本人のまえに立ちふさがってきた。古い歴史をもつだけに、この国の第二・第三層は複雑だ。そこに正面から手をつけるのではなく、自分に都合のいい部分だけを吸い取っていく。

○内からの変革進めよう

しかし、これでは市民意識は育たない。第一層が「借り着の近代」「根無し草の近代」になったのも当然である。その結果、ふだんはともかく、なにかが起きて、他人に第二・第三層的な部分を触られると、かねては眠っている封建的な、あるいは原始的などろどろした意識が目覚める。

いま、一部にそういう兆候が出てきた。方向感覚に自信を失いつつあるからか、この国のかたちを、この国の目標を、戦前のあたりに戻そうとしているのではないか、と錯覚しそうな動きすらある。

だが、こうした復古的な言動で解決できることはひとつもない。不透明のみなもとは、政治的で経済的な世界規模の混迷にあるからだ。一国だけが歴史の針を逆進させればすむほど単純ではない。

危機を乗り切る道は、この国をさらに国際化し、相互依存を徹底させることだ。カエルとクジラの話に戻すと、まず、クジラがすむ日本という名の井戸の水を十分に攪拌することだ。一つだった井戸の湧《わ》き口をもっとふやし、井戸水が川へ流れ、海にいたるような水路も用意しよう。そのとき、それはもはや井戸ではない。クジラは、そのあいだを、自由に往来するようになるだろう。

作られた文化は、内から変革されないかぎり、ゆっくりと元に戻ってしまうものだという。この「内からの変革」をはじめ、残り少ない二十世紀中に決着をつけなければならない課題は多い。ことしは、さまざまな角度からこの問題と取り組みたい。

この社説では、「井戸」や「地層」の比喩《ひゆ》を借りつつ、日本の伝統文化の連なりを三層構造からなるものと捉える。

一番表面的な「第一の層」は、西洋の影響のもとに近代化した市民社会の層である。

「太陽の光が反射してきらきらと輝く、美しい水面」である。しかしこの表面の層は非常にもろく不安定である。

もう少し深いところにある「第二の層」は、「封建的といわれる古風なサムライ的、儒教的な日本文化の層」だとする。

そしてさらにその下には、最も深いところにある「第三の層」として「ドロドロとよんだ、規定しがたい、古代からの神社崇拝といった形でつたわるような、シャーマニズム的なものを含む地層がある」と論じる。

この社説によれば、日本社会は普段、近代市民社会的な第一の層が表面に現れているが、何かのきっかけで「かねては眠っている封建的な、あるいは原始的などろどろした意識が目覚める」とする。つまり、第一の層を突き破り、第二、第三の層が噴出し、復古主義的かつ軍国主義的な憂慮すべき動きが出てくるというのである。

非常に興味深いのだが、この社説では、第二、第三の層の噴出を防ぎ、そうした危険な動きを押しとどめるために必要なのは、「この国をさらに国際化し、相互依存を徹底させることだ」と断じる。「日本という名の井戸の水を十分に攪拌」し、閉ざされた井戸に喩《たと》えられる日本の「一つだった井戸の湧き口をもっとふやし、井戸水が川へ流れ、海にいたるような水路も用意しよう」というのである。

つまり、日本の伝統文化の基底にある危険な前近代的、古代的な層が何らかのきっかけによって噴き出し、恐ろしい事態を招かないように、国際的相互依存の度合いを増大させ、つまり「グローバル化」を推し進め、日本が自らの意思で自由に動けないようにすることこそ、必要なのだと述べる。

この社説をどのように感じるであろうか。

私は、この社説を１９９７年の元旦《がんたん》に読んだときの印象を覚えているが、なんと病理的な文章であるかと思った。

ユング心理学などでは、「井戸」の奥底とは、しばしば深層意識の象徴として理解される。この文章は、自分自身の根源にあるはずのものを嫌悪し、恐れ、それを心の深層に閉じ込めた人物の内面を描き出しているように読める。この人物は、だが、そうした自己の深層意識に今でも恐怖を覚え、それが何らかのきっかけで噴出し、暴走してしまわないかと気が気ではない。深層からの噴出、あるいは噴出してしまった場合の暴走を押しとどめるために、自分自身を周囲の他者に縛り付けておかなければ安心できない。この文章は、そのように考える病理的で不安定な人物の意識を描写しているように読める。

アイデンティティの不安定さ

この井戸の比喩で描かれた日本社会のイメージとは、多くの戦後日本人（特に朝日新聞の読者に多い知識層）が共有する不安定なナショナル・アイデンティティの姿だと言えるのではないか。

こうした不安定なアイデンティティのあり方は、戦後日本の政治論議では常に垣間見《かいまみ》られるものだ。

たとえば第一章でも触れたが、憲法改正をめぐる論議においてである。護憲派の見解のうちには、日本の伝統や文化を恐れ、日本国憲法のような外部由来の何かに自分を縛ってもらわなければ不安だという意識が少なからずある。日本人が自分たちの手で憲法を作れば、再び軍国主義が台頭し、近隣諸国に迷惑をかけ、破局がもたらされる恐れがあると考えてしまうのである。

構造改革に関する議論でも同様である。朝日をはじめとする日本の「リベラル派」「左派」が、「左派」であるはずなのに、なぜか当時も今も市場原理主義ともいえる新自由主義に基づくグローバル化を目指す改革に積極的に賛成してしまうのは、こうした自らの基底にある「日本的なもの」を嫌悪し、恐れる心理があるからではないか。自らの意識の奥底にある「日本的なもの」が何かのきっかけで活性化し、悪夢のような事態をもたらさないようにする必要がある。そのためには、外部の主体や事物に自分を開き、自分の深層意識を外部から取り入れたものと混ぜ合わせ、薄めていかなければならない。他国との相互依存を深め、日本が自分の意思で行動できる範囲を狭めていかなければならない。

こういう心理があるからこそ、たとえリベラル派であっても日本の多くの知識層は、構造改革でもTPPでも、あるいは最近の移民受け入れの議論や英語教育の大々的な導入の話であっても、新自由主義的グローバル化を推進する改革の是非を冷静かつ合理的に考察することなく、やみくもにそれに賛成してしまうのであろう。構造改革の是非、グローバル化の是非を冷静に問うのではなく、それらに短絡的に飛びつき支持してしまうのは、自らの深層にあるものに対する嫌悪や恐怖、およびそれが一因であるナショナル・アイデンティティの不安定さのためではないだろうか。

「心のかたち」と怖い話――『リング』に着目するわけ

ところで、朝日新聞の社説が取り上げていたイメージ、つまり井戸の奥底から「ドロドロとよどんだ、規定しがたい」恐ろしいものが出てくるというイメージは、怪談話を思い起こさせないだろうか。伝統的には「番町皿屋敷《ばんちようさらやしき》」などであり、現代ではホラー映画（小説）の『リング』である。

ここから、少し長くなるが、戦後日本人の抱きがちなナショナル・アイデンティティの不安定さについて考えるために、怪談話に着目したい。少々突飛なことだと感じる読者もいるかもしれないが、戦後日本人の精神のあり方を考えるうえで、さまざまなヒントを呼び起こすのではないかと思うからである。

特に、1990年代の『リング』に着目したい。『リング』は、当時まだ無名だった鈴《すず》木光司《きこうじ》が91年に上梓《じようし》した小説である。出版直後はあまり話題にならず、初版の部数も少なかったそうだが、93年に文庫化されると口コミで話題を呼び一大ベストセラーとなった。その後、95年にテレビドラマ化され、98年には中田秀夫《なかたひでお》監督のもと映画化された。映画もヒットした。

呪いの元凶である貞子《さだこ》が、テレビに映った古井戸から、黒髪を振り乱しつつ徐々に現れ、ついにはテレビのなかから這《は》い出してくる映画のクライマックスシーンは、日本映画史に残る名シーンだと言われている。

『リング』は、その後、数々の続編が作られ、それぞれ映像化もされている。2010年代になっても、映画『貞子3D』（12年）、『貞子3D2』（13年）が製作されている。『リング』は、現代日本の「国民的ホラー」といっても過言ではない。

では、なぜ、ホラー、つまり怖い話（怪談話）に着目するのか。それは、昔から、妖怪《ようかい》や幽霊といった怖いものの話――各地に伝わる妖怪話や幽霊話、現代の都市伝説など――は、それが流布している社会の人々の心のあり方を知る手がかりとなると言われているからである。

日本民俗学の祖である柳田国男は、怖いもの研究の古典といえる「妖怪談義」という論説のなかで、次のように述べている。

「化け物の話を一つ、出来るだけきまじめにまた存分にしてみたい。けだし我々の文化閲歴のうちで、これが近年最も閑却せられたる部面であり、従ってある民族が新たに自己反省を企つる場合に、特に意外なる多くの暗示を供与する資源でもあるからである」[11]

つまり、怖い話を吟味すれば、ある文化の普段意識されない局面が明らかになるというのだ。柳田は、特に、「通常人の人生観、分けても信仰の推移を窺い知る」のに役立つと述べている。一般の人々が道徳や倫理として何を信じているか、そしてどういうときに罪悪感を覚えるかなどが、社会に流通してきた怖い話を検分することを通じて理解できるというのである。

現代の民俗学でも、怖い話に限られないが、民話や伝承は、ある文化圏での「心のかたち」を知るのに最適な資料だと言われている。民話や伝承は、その物語が語り継がれている社会の文化を反映する。同時に、それが世代から世代へと語り継がれていくなかで、その社会で人々がどのように生きることが期待されているかを示している。

『リング』は、無名だった作家が90年代初頭に発表し、90年代半ばから後半にかけて大ヒットし国民的ホラーとなった。『リング』を分析すれば、90年代以降、つまり構造改革前後の日本人の不安定な「心のかたち」がよく理解できるのではないだろうか。

日本の怪談話の特徴

『リング』を通じて1990年代以降の日本人の心のあり方を考えていく準備として、まず日本の怪談話の特徴について確認しておきたい。

比較民俗学の研究者・長野《ながの》晃子《あきこ》は、日本の怪談話の特徴について非常に興味深いことを論じている。[12]

長野によれば、日本の民話や伝承、現代の都市伝説などを欧米のものと比べた場合、日本の怖い話には、ある人が自分の過去の悪い行いのため、その人自身が幽霊や妖怪から罰を受けるという自罰的構造、因果応報的構造をもつ話が多い。幽霊は基本的に自分に害を及ぼした者（つまり加害者）の前にだけ現れ、加害者がそれに悩まされるという話が普通だというのである。

他方、ヨーロッパの民話や伝承では少々意外だが、そうした自罰的・因果応報的構造をもつ話はあまり多くないそうだ。長野晃子は、この点を強調し、被害者の霊が加害者の前にだけ現れ、恨みで加害者を悩ますタイプの幽霊話は、ヨーロッパの民話や伝承では見られないと述べる。[13]長野ほど断言できるものかどうかこの分野の専門家ではない私には正直判断しかねるところもあるが、このタイプの怪談はヨーロッパでは少なくとも一般的ではないとは言えるだろう。

長野によれば、欧米で多いのは、キリスト教の神の戒律を破ったため神に罰せられ、さらし者的にさまよっている亡霊にある人が遭遇する、あるいは襲われるというものである。

「六部殺し」――日本の怪談の典型

日本と欧米の怪談話の特徴を、例を挙げつつ見ていきたい。まず日本の民話における怪談話の典型例を見てみよう。長野も言及しているものだが、「六部殺し」という話である。

ある百姓の家に、旅の六部（諸国をめぐって修行している者）がやってきて一夜の宿を求めた。家の主人は、六部がふところにたくさんお金を持っていそうなのを見て、泊めることにした。

夜が更けると、欲に目のくらんだ主人は、そっと六部の部屋に忍び込み、寝ている六部を殺した。

六部から奪い取った金で、その後、家は豊かになり、やがて一人の男の子が生まれた。しかし、この子はいくつになっても口がきけない。両親はそれが心配でならなかった。ところがある晩、その子が「おしっこ」と初めて口を開いた。父親は喜んで、早速庭に連れて行った。

その晩は満月だった。

おしっこをさせていると、子どもが急に振り向いて、薄気味悪い声でこういった。

「お前が俺を殺したのも、ちょうどこんな晩だったなあ」
はっとして子どもを見ると、子どもの顔は殺した六部の顔になっていて、主人をじいっとにらんでいた。

民話研究者の大島広志《おおしまひろし》によれば、「六部殺し」という民話は、青森、岩手、宮城、山形、福島、千葉、新潟、長野、京都、岡山の府県から16の報告例があるそうだ。長野晃子と同様に、大島も、「六部殺し」の話は全国的に分布していることから、「民俗の心意に深く根ざしているのではないか、と考えられる」[14]と述べている。

この「六部殺し」の話は、最後のセリフから「こんな晩」とも呼ばれている。「こんな晩」型の怪談は、少しずつ形を変えながら日本全国の民話に見ることができる。小泉八雲《こいずみやくも》の『日本海に沿うて』や夏目漱石《なつめそうせき》の『夢十夜』などの文学作品にも、「こんな晩」型の怪談が収められている。落語の「もう半分」という噺《はなし》も「こんな晩」型といえる。やはり殺人の罪を犯した加害者の子どもに、殺された被害者の霊が乗り移るという怪談である。これらは被害者が加害者の前にのみ現れ、加害者を悩ます自罰型、あるいは因果応報型の怪談だといえる。

日本には、因果応報型の怪談が数多く見られる。「四谷《よつや》怪談」「番町皿屋敷」「鍋島《なべしま》の化け猫騒動」などの著名な怪談も、このような話である。

ヨーロッパ民話の怪談

次は、ヨーロッパの民話によく見られ、日本ではほとんど見られないタイプの怪談の例である。長野が著書の中で言及する「ドイツ騎士団クリストブルグ管区長アンドレアス・フォン・ザンガーヴィッツ」という民話の一部を紹介する。[15]

ドイツ騎士団とポーランド・リトアニアの連合軍とのあいだのいわゆる「タンネンベルクの戦い」から二年後のこと、このあいだずっとローマに巡礼にでかけていた町人がクリストブルグの町に帰ってきた。

この男は、城に幽霊が出るという話を聞いて、真実かどうか自分で確かめてみようと思い、真昼時に城に赴いた。

堀にかかる橋にさしかかったとき、先の戦で戦死した管区長アンドレアス・フォン・ザンガーヴィッツの弟、オットーの姿を見つけた。オットーも兄とともに戦死したと聞いていたのでいぶかしく思いつつも、町人は、歩み寄って言葉をかけた（町人が声をかけたのは、実は、オットーの亡霊であった）。

「ああ代父様、お元気なお姿を拝見し、とても嬉《うれ》しゅうございます。戦死なさったという噂でしたので。ところで城内はどうなっているのでしょうか。とても奇妙な話を聞かされておりますが」

オットーの霊は答えていった。「わしとともに来るがよい。ここの暮らしがどんなものか見せてやろう」

町人は後についてらせん階段を上っていった。

最初の部屋に入るとたくさんの者たちが、サイコロやトランプなどの博打《ばくち》にうつつを抜かしていた。ある者たちは笑いを浮かべ、また別の者たちは敗北と不幸を呪っていた。

次の部屋は卓に着いて貪《むさぼ》るように食い、浴びるように飲む者ばかりだった。

続いて大広間に入ると、そこには男女がいて、弦楽を奏で、歌をうたい、踊りに興じていた。淫《みだ》らで恥ずべきふるまいをほしいままにしていた。

その次は教会だった。祭壇の前では神父がその気もないのにミサを執り行おうとしていたが、周りの者はみな席に座ったまま眠りこけていた。

それを最後に二人は城から外に出た。その途端、場内から悲惨極まりない号泣や助けを求める悲鳴が聞こえ、町人は恐ろしさに身の毛もよだつほどだった。

オットーの亡霊が話しかけてきた。

「さあ、ここで目にし耳にしたことを新しい管区長に伝えるのだ。お前が場内でその目で見たのと同じ生活を生前われわれは送っていた。今ここでその耳で聞いたのが死後のわれわれの苦しみなのだ」

そう言い終えると、亡霊は消えてしまった。

町人はすっかり怖気《おじけ》づいてしまったが、それでも命令通りに新しい管区長のところへ足を運び、事の次第を報告した。

ところが管区長はその話を聞くと腹を立てていった。「そのような話は作り話だ。わが尊厳あるドイツ騎士団に汚名を着せようとするのか」

そして家来に命じ、町人を河に投げ込み溺死《できし》させてしまった。

この幽霊話は、戒律違反を犯したために神に罰せられた者の霊を描いたものである。キリスト教文化圏の伝統では、博打や暴飲暴食、歌舞音曲に興じること、男女の戯れ、キリスト教聖職者の不敬虔《ふけいけん》などは、基本的に戒律違反の罪と認識される。キリスト教の影響を受けているヨーロッパの民話の幽霊は、罪を犯した人間が神に罰せられて、さらし者的に不特定多数の人々の前に現れる。思うに、キリスト教の影響が強いヨーロッパでは、倫理とは本来はキリスト教の戒律である。戒律を守らなければならないという心の働きが、伝統的なヨーロッパの幽霊話を数多く生み出してきたのであろう。

他方、日本の「六部殺し」をはじめとする因果応報型の幽霊は、被害者が加害者の前にだけ現れる。このタイプの幽霊話は、前述のとおり、ヨーロッパではあまり見られない。日本の怪談では、加害者が、自分自身の良心の呵責《かしやく》（罪悪感）が生み出した幽霊に苦悩していると受け取ることができる。うしろめたさを感じている者のみが、幽霊を見るというわけである。

現代の都市伝説

日本の怖い話には加害者が被害者の霊に悩まされるタイプの話が多いという傾向は、いわゆる現代の「都市伝説」にも当てはまる。「都市伝説」とは、現代の人々に一種の噂話のように語り継がれる現代の民話といえるものである。都市伝説でも、日本の怖い話には、加害者が良心の呵責に苦しめられる因果応報型の話が多い。
対照的に米国やヨーロッパの都市伝説には、この種の話は少ないようだ。民俗学者が都市伝説を収集した書物をみても、加害者が被害者に対する良心の呵責に悩まされ、被害者の霊を目にするといったタイプの話は、ほとんど見られないという。[16]
都市伝説に関しても、欧米の例と日本の例を示し、その相違を見てみたい。
まずは、米国の現代の民話集に代表的なタイプの一つとして挙げられているものである。[17]

〈ベビーシッターと二階の男〉

モントリオールに、大きな家で三人の子どもの面倒を見るベビーシッターがいたんだ。その子がテレビを見ていると、突然電話が鳴った。子どもたちは皆ベッドの中だ。受話器を取ると、ヒステリックに笑う男の声がした。「何かご用ですか」って尋ねても、相手は何も答えず電話を切ってしまった。彼女はちょっぴり気になったけど、別にどうってことないと思ってまたテレビを見に戻った。

それから一五分ほどは何ごともなかった。また電話がかかった。同じ声で彼女をばかにしたように笑い、そして切れた。さすがにこのときは彼女もこわくなって、オペレーターに電話して、ことの一部始終を報告した。オペレーターは彼女に落ち着くように言って、もしまた電話がかかったら、なるべく長く話をつなぐようにって言ったんだ。そうすりゃ逆探知できるってわけさ。

一五分たってまた電話がかかった。同じように笑っている。どうしてこんなことをするのかって彼女は尋ねたけど、相手はただ笑っているだけさ。その電話が切れて五分、今度はオペレーターがかけてきた。とにかく一刻も早く家を出ろって言うんだ。その電話はなんとその家の二階の内線電話からかかっているっていうんだ。彼女は受話器をガシャンと置いて、逃げようとして振り向いた。とその時、彼女は、手に血まみれの肉切り包丁を持った男が、ヒステリックに笑いながら彼女を殺そうと階段を降りてくるのを見たんだ。家を飛び出すと男は追ってはこなかった。結局、警察が来てそいつは捕まったんだけど、三人の子どもはもう殺されちまってたってさ。

この話、読者の皆さんは、どう感じるだろうか。

私は、どうも落ち着きの悪い話のように思う。「電話の男は、なぜベビーシッターを脅すのか」「彼女と何か関係があり、彼女を恨んでいたのか」「もともと狙いは、ベビーシッターの女性ではなく、子どもたちのほうだったのか」「そうだとすれば子どもたちを襲った動機は何だったのか」「単なる精神障害者の犯行だったのか」……。そうした疑問が数々浮かび、収まりの悪い話のように感じてしまう。

この「ベビーシッターと二階の男」に似た要素が含まれつつ、広く語られている都市伝説として、次のようなものがある。

〈メリーさんの電話〉

メリーさんという女の子がいました。

ある日、お友だちの家にあそびにいくとちゅうで、とつぜん、信号を無視して走ってきた車にはねとばされました。

メリーさんは、救急車で病院にはこばれましたが、まもなく死亡しました。

メリーさんをはねた車は、そのまま走りさりました。

運転をしていたのは、マンションの四階にすんでいるわかい男でした。少女をひいたあと、ずっと自宅にとじこもっていました。

つぎの日の新聞に、メリーさんという少女がひきにげにあって死んだという記事がの

りました。犯人の男が、その新聞を読みおわったとき、

　リリーン、リリーン

と、はげしく電話がなりました。ドキッとしました。受話器をとると、

「もしもし、わたし、メリーさんよ。」

という女の子の声がしました。

「えっ、メリーさんだって！　どこからかけているんだ。」

「あなたのマンションの、前の電話ボックスよ。」

　それだけつげると、電話はきれてしまいました。

　つぎの日、また電話がなりました。

「もしもし、わたし、メリーさんよ。」

「どこにいるんだ！」

「あなたのマンションの一階にいるの。」

　電話はきれました。

　そのつぎの日も、おなじ時間に電話がなりました。

「もしもし、わたし、メリーさんよ。」

「どこにいるんだ！」

「あなたのマンションの二階にいるの。」

犯人は、このわけのわからない電話に気がくるいそうでした。

そのつぎの日も、電話がなりました。

「もしもし、わたし、メリーさんよ。」

「どこにいるんだ！」

「あなたのマンションの三階にいるの。」

「いたずらはやめろ！」

そうどなって受話器をたたきつけるようにきりました。なぞの電話と、日ごとにしのびよる恐怖にいらだっていたのです。

つぎの日も、おなじように電話がなりました。

「もしもし、わたし、メリーさんよ。」

「どこにいるんだ！」

「四階よ。あなたの部屋の前にいるの。」

「なんだって！」

犯人は、ドアのそとにとびだしました。しかし、だれもいません。ウロウロあたりを見まわしていると、部屋のなかで、リーン、リーンと電話がなっています。

おそるおそる受話器を耳にあてました。

「もしもし……。」

「………」

「わたし、メリーさんよ。」

「どっ、どこにいるんだ！」

「あなたのうしろにいるの。」[18]

この「メリーさんの電話」は、加害者が被害者の霊に苛《さいな》まれる、昔から日本で好まれてきた怖い話の構造を踏襲している。私を含む多くの日本人は、こちらの話のほうが落ち着きがいいと感じるのではないだろうか。

実際、現代日本の都市伝説の怖い話には、因果応報型の話が多いのである。

話の最後で「お前だ！」と叫ぶ次のような話も、いろいろと設定を変えつつ、各種流布している。たとえば、このようなものである。

〈コインロッカー・ベビー〉

東京の人で、いかにも「遊んでる」という女がいた。その女は「遊んでる」うちにお腹に子どもができてしまった。そのことをだれにも言わず、一人住まいをしていたアパートのお風呂場で赤ん坊を産みおとした。女は自分でその赤ん坊を育てる自信がなくて、赤ん坊を東京駅のコインロッカーに入れ、鍵をかけ、捨ててしまった。女はそれ以来、東京駅には近寄らなかった。

その後、女は、一人ではいたたまれず、親元へ戻った。赤ん坊のことは、親には言わなかった。それから一、二年後、女は親のコネで大手企業に就職できた。ある日、上司の命令で、至急東京駅近くの取引会社に書類を届けることになった。女はためらいながらも上司の命令では仕方ないと思い、その会社まで電車で行くことになった。取引会社まで、駅の改札をぬけ、必然的にあのコインロッカーの前を通らなければならなかった。すると、そのコインロッカーの前に小さい男の子が泣きながらうずくまっていた。その前を通る人はなぜか男の子には目もくれず歩いて行く。女はこの駅でしたことを思い出して、その子に声をかけた。

「どうしたの?」と女が聞いたが返答がない。「お父さんは?」と聞くと、男の子は、

「わかんない」と答え、下を向いたまま、まだ泣いている。女は困ったと思いながらも、やさしくなだめながら、「お母さんは？」と言うと、男の子は、パッと顔を上げ、「お前だ！」と言い、消えてしまった……。[19]

この話を人に話す際は、最後の「お前だ！」の部分で突然大声を出し、聞いている者を驚かせるそうだ。この種の「お前だ！」と叫んで終わる現代の怪談は他にもさまざまなバリエーションがある。

『リング』は例外なのか？

ここで疑問に感じるのは、『リング』の位置づけである。前述のとおり、『リング』は小説にしろ、映画にしろ、大ヒットした。１９９０年代以降の「国民的ホラー」といえる位置を占める。

以前の「国民的怪談話」だといえる「四谷怪談」や「番町皿屋敷」、あるいはさきほどみた日本全国に類話が数多く存在する「六部殺し」は、いずれも因果応報型の話だ。現代の日本で広まっている都市伝説にも「メリーさんの電話」や一連の「お前だ！」と叫ぶ話のように、このタイプのものが数多く見られる。つまり、幽霊が加害者の前にもっぱら現れ、加害者を悩ますという因果応報的・自罰的構造を持つ話である。心理学的に言えば、被害者に対する加害者の良心の呵責が生み出した幽霊の話だと見ることができるものである。

しかし『リング』は、因果応報型の話ではないように思われる。『リング』では、貞子が呪いをかけたビデオを観た人がそれだけで次々と死んでいく。日本の怖い話の特徴ともいえる因果応報型の話の構造を持っていないように見える。

これは奇妙ではないか。『リング』は、当時ほぼ無名だった作家が発表し、ストーリーのもつ魅力のみで小説やドラマ、映画と長く大きなブームを巻き起こした。『リング』のストーリーは、それだけ当時の日本人の心に訴えかけるものがあったはずである。

それにもかかわらず、被害者の霊が加害者の前にのみ現れ、加害者を苦しめるという日本の伝統的な怪談話の構造をなぜ備えていないのか。『リング』は例外なのだろうか。

そんなことはない。一見、そうは思われないけれども注意深く分析してみれば、『リング』も、現代日本人の罪悪感に訴えかけ、そこから恐怖を導き出す伝統的な日本の怪談話の構造、つまり因果応報的構造を備えていることが見えてくる。その点を説明してみたい。

そして、その説明を通じて、90年代以降の現代日本人の心のあり方を探ってみたい。

「貞子」の性質

この問いを考える手がかりとして、柳田国男の『妖怪談義』のなかにある「怖いもの」の分類を見てみたい。

柳田国男は、「妖怪」と「幽霊」を区別している。[20]柳田によれば両者の違いの一つは、出現場所である。妖怪は、出る場所がだいたい決まっていて、その場所さえ避けていればだいたい出くわさずに済ますことができる。他方、幽霊は、「足が無いという説もあるにかかわらず、てくてく向こうから」やってくる。つまり一度狙われたら、遠くへ逃げていても追いかけてくる。

もう一つの相違は、誰に対して出るかという点である。妖怪は、相手を選ばずに出現する一方、幽霊は、恨みを抱く相手に対してだけ姿を現す。したがって、なんらやましいところのない人は、幽霊を恐れる必要はない。

柳田国男のあげる幽霊と妖怪との区別に照らすと、貞子はどちらであろうか。

出現場所からいえば、『リング』のストーリーは、最初の被害者である高校生と予備校生の4人が、貞子が沈められた古井戸の上に立つ伊豆《いず》のペンションを訪れたことから始まる。その点では、貞子は、妖怪のように一定の場所に深い関わりを持つ。

しかし、呪いのビデオを一度観てしまい、そして呪いを解くことをしなかった場合、貞子はどこまでも追いかけてくる。その点では幽霊と同様の存在である。

出現する相手に関していえば、呪いのビデオを観て、そして呪いを解くことができなければ、貞子は誰の前にでも現れる。つまり生前の貞子に関わりがなくても、襲われる可能性がある。その点では妖怪的である。

だが、貞子の呪いは、そもそもは貞子と同様に超能力を備えていた母・山村志津子《やまむらしづこ》ともども世間に受け入れられなかった恨みに起因する。超能力者だと騒がれ、マスコミに引っ張り出された末に、インチキだ、ペテン師だと白眼視され、不幸な境遇を強いられたことへの恨みである。世間一般に対する恨みだといってもいいだろう。強い恨みを抱いているという点では幽霊的である。

また、白い服を着て、黒髪を振り乱す女性という貞子の姿は伝統的な幽霊のスタイルだといえる。結局、貞子は、「妖怪」と「幽霊」の両方の性質を併せ持っている。両者の中間的存在だといっていいだろう。

「神が零落したもの」

『妖怪談義』のなかで柳田国男は、あちこちに伝わる日本の妖怪話を念頭に置いたうえで、「妖怪」とは神が零落したもの、つまりかつての神が落ちぶれたものだと論じている。[21]

前の時代に信仰の対象だったもの、すなわち以前は神として崇《あが》められていたものが、時代の移り変わりとともにだんだんと信じられなくなってくる。柳田によれば、妖怪とは時代の変化に伴って敬われたり畏怖《いふ》されたりしなくなった神が、相手の承認を求めて形を変えて、つまり「化けて」出てきたものだと考えるのである。

そのため柳田は、「通例は信仰の移り変わりの際に」[22]、妖怪話は特に数多く現れてくると述べる。民間信仰の側から見れば、神の威力を以前のように畏《おそ》れなくなったのを咎《とが》め、信仰を持続させようとする働きの表れだと見ることもできる。たとえば、水神があまり信仰されなくなって出てきたのが河童《かっぱ》であり、山の神が零落した姿が山姥《やまんば》だという具合だ。

他方、妖怪を見る者の心理からすれば、前代の信仰の対象を大切にしなくなった者の罪悪感が、妖怪を生み出すのだと考えられる。

卑近な例を挙げれば、いわゆる「もったいないお化け」も、こうした日本の民間信仰の伝統に根差したものだと言えるだろう。日本では、古来、大事に使ってきた古道具には魂が宿ると考えられてきた。これは、「付喪神《つくもがみ》」信仰などと呼ばれてきた。かつて、親は子どもに「ものを大切にしなさい」と言うことが常だった。ものを粗末に扱うと罪悪感を覚え、化けて出るのではないかと感じるのは、昔からのものだと見ることができる。

以前の信仰の対象であり、崇められ、ときには畏怖され、大切に扱われてきたものが、時代の変化に伴ってそうでなくなった。かつて大切にしてきたものを大切にしなくなった。そういうときに妖怪はまさに化けて出るのである。

「日本的感受性」

さきほど私は、貞子は、幽霊の要素と妖怪の要素とを併せ持つ両者の中間的存在だと述べた。では、貞子の妖怪的要素とはどのようなものだろうか。

妖怪とはかつての神が零落したものという柳田国男の見方に沿えば、貞子とは「日本的感受性」が零落したものと言えるだろう。

第二章で見たように、日本文化は、「思いやりの文化」「気配りの文化」「察しの文化」などと言われてきた。日本の伝統的道徳では、言われなくても「思いやりの心」(感情移入能力)によって、他者の視点や気持ち、あるいはその他の周囲の状況を敏感に察することが大切なことだと考えられてきた。お互いの視点や気持ちを、研ぎ澄まされた感情移入能力――「日本的感受性」と言ってもよいだろう――によって読み取り、口に出されなくても相互に他者の視点から自分の行為や考えを反省し、それぞれ柔軟に修正し合うことが美徳だとされてきたのである。

前述のとおり、日本の道徳が汲《く》み取るべきだとしてきた他者の視点とは、今生きている同時代の人々のものだけには限られない。日本的感受性を身に付けることによって感じ取るべき「他者」には、死者、つまり過去の世代の人々も含まれる。日本の道徳では現在を生きる人間は、過去の世代の人々の思いを常に汲み取っていくことが期待されていたのである。それによって世代をつないでいくことが期待されていた。

柳田国男は、日本人は人々が死ぬ前に強く念じた思いはこの世に残り、次の世代の人々に何らかの形で受け継がれるということが信じられてきたと記している。[23] そして、そのように信じるだけでなく、第二章で引用した文章（78頁）のなかで柳田が「次々に来る者に同じ信仰を持たせようとしていた」と記しているように、大人は、子どもたちに敏感な日本的感受性を育《はぐく》もうと常に願ってきたのである。日本の親が子どもたちに「よく気がつく」敏感な感受性を身に付けさせようとしてきたことは、単に同時代の他者の視点を受け取るだけでなく、過去の世代の人々の思いも受け取り、世代間のつながりの感覚を保ったまま生きてほしいと考えてきたからでもある。

加えて、日本で優勢な道徳観における配慮すべき視点を持つ「他者」とは、人間だけには限定されない。動植物やモノの「視点」も敏感に感じとるべきだとされてきた。つまり万物・万人との関係性を重視すべきだと考えられてきたのである。ここには、シャーマニズム、アニミズムとでもいうべき日本の伝統的な宗教観が垣間見えると言ってもいいかもしれない。

巫女の零落

以上のように、日本の道徳では、伝統的に、他者の気持ちへの敏感さが非常に重視されてきた。この場合の気持ちを感受すべき「他者」には同時代の他の人々だけでなく、過去の世代の人々、ならびに動植物や事物までが含まれた。そして、そうした多様な他者との関係をきちんと保つことが大切なこととされてきた。万物・万人との関係性を重視すべきだというこのような見方が、日本の道徳には現在でも、少なくとも半ば無意識のレベルではあまり変わらず残っている。

しかし、戦後の日本では、少なくとも明示的・意識的レベルでは、関係否定的・個人主義的な道徳観が広まっていく。特に、１９９０年代半ば以降は、政策上も米国の影響を強く受け、構造改革路線がとられ、日本の経済や社会の枠組みを改造していくという方針が加速した。このような流れは、いわば「思いやり」「素直さ」「やさしさ」といった「日本的感受性」という神（価値観）の零落だとも捉えることができよう。

私は、この零落を具現化したものこそが貞子なのではないかと思う。

かつて柳田国男は『巫女考《ふじょ》』『妹《いも》の力』といった著作で、日本の民間信仰における巫女《みこ》の重要性を描いた。[24] いにしえの日本の村落では、鋭敏な感受性を備えた女性がさまざまな神の神託を受け取り、共同体の重要問題に対する助言を与えていた。たとえば、田植えの時期をいつにするか、他の村落との諍《いさか》いをいかに解決するか、などの問題である。巫女は、多様な神託を感受し、村落の祭祀《さいし》をつかさどり、自然や他の村落との関係性を整え、構成員に生活の指針を示す役割を果たしていた。

森羅万象からの神託を鋭敏に察知し、過去の世代の人々を含むさまざまな他者の思いを受け取り、それらとの調和を図っていく巫女は、日本の道徳観で重視される「日本的感受性」の象徴だと見ることができる。

『リング』では、貞子やその母である志津子は、噴火など自然現象を予知する力、人の心を読む力、いわゆる念写や念動（テレキネシス）など念（人間の思い）を活用する力を持った存在として描かれている。いわば、大きな力を備えた現代の巫女なのである。

現代日本人の罪悪感

小説版『リング』のなかで描かれているエピソードによれば、志津子が予知や読心術などの不思議な力を身に付けるようになったのは、終戦直後に、志津子の故郷である伊豆大島に進駐してきたGHQと関連している。[25]

伊豆大島の東側の海岸にある浜辺には、「行者窟《くつ》」と呼ばれる洞穴があり、そこには699年に流刑された役小角《えんのおづぬ》という行者を模した石像が安置されていた。それは長らく、島民の崇敬の対象だった。

しかしGHQは、終戦直後の神仏に対する政策の一環として、この石像を持ち出し、巡視船から沖に投棄してしまう。

当時21歳の志津子は、GHQの措置に怒り、夜が更けるのを待って海に潜り、石像を海底から拾い上げる。その後、この功徳から、志津子は不思議な力を身に付けるようになった。

このエピソードは、志津子や貞子の能力は日本の伝統に由来するものだと表していると読める。志津子は、GHQが捨て去ろうとした日本的感受性[26]を、その極大化されたかたちで身に付け、巫女的存在となった。

しかし志津子、貞子の母娘は、現代の日本社会では、その力が歓迎されず、結局、この世から追い立てられるように非業の死を遂げる。そして貞子は、古井戸の奥底に沈められてしまう。

前述のとおり、ユング心理学では井戸の奥底はしばしば無意識の暗喩として用いられる。私には、貞子が井戸の奥底へと投げ捨てられたことは、『リング』の小説や映画が話題になった1990年代に「日本的感受性」が少なくとも明示的な意識のレベルではそれまでのように大切にされなくなったことを表しているように思われてならない。

「日本的感受性」は、しつけや教育を通じて日本の伝統のなかで常に親から子へ、子から孫へと伝えられてきたものだ。

現代の日本人の多くは、前世代からの教えに背き、継承の連鎖を断ち切ろうとしてきた。先人が大切に育み、世代から世代へと伝えてきた「日本的感受性」に基づく道徳を事実上裏切り、それを「井戸」の奥底に、つまり意識の深層に沈めようとしてきた。また、日本社会をそうした感受性とは無縁のものへと改造しようとしてきた。

それについて、少なからぬ日本人は、半ば無意識のレベルでは罪悪感や不安感を覚えてきたのではないか。

『リング』は、零落した巫女としての「貞子」——「日本的感受性」の象徴——を井戸の奥底に沈め、そのために貞子の怨念《おんねん》に悩まされる物語として見ることができる。つまり、『リング』は、日本人の多くが半ば無意識に抱く罪悪感や不安感に訴えかける伝統的な因果応報の構造を持つ物語として読めるのではないだろうか。

『リング』がベストセラーになり、映画もヒットし、今も話題にされ続け、いわば現代の「国民的ホラー」の位置を占めるようになったのは、「日本的感受性」を裏切ることへの罪悪感や不安感を反映しているからこそではないだろうか。

意識の深層からのサイン

朝日新聞の1997年元日の社説「井戸の水をかき回そう　『二十一世紀への助走』」にイメージを喚起され、少々長々と『リング』の解釈について語ってきた。

「貞子」を零落し、捨てられつつある日本的感受性の象徴だと捉えれば、『リング』と朝日新聞の社説は、共通の事柄を扱っていると理解できる。朝日新聞は目線が高い。戦後知識人の目線で、欧米的な自律的個人からなる市民社会をよしとする観点から、「ドロドロとよどんだ、規定しがたい、古代からの神社崇拝といった形でつたわるような、シャーマニズム的なもの」が「井戸の奥底」（我々の深層意識）に潜んでいるとし、それを畏怖する。そして、グローバル化を目指す構造改革を通じたその一掃を求めた。

他方、『リング』は、もう少し庶民的・一般的な観点だ。普通の人々が持つそうした急進的な社会改造に対する不安感、および罪悪感に訴えかけた。

朝日新聞の社説に表れているが、1990年代の構造改革論は、伝統的かつ土着的な心性を、米国を理想とする合理的かつ市民社会的なもので置き換えることを主張し、実際に構造改革が進められてきた。だが、伝統的・土着的な「日本的感受性」はそう簡単に排除できるものではない。

捨て去ろうとして井戸の奥底に、つまり意識の深層に押し込め、見ないようにしたとしても、伝統的かつ土着的な心性は、いろいろなサインを発して、我々に訴えかけてくる。前章で見た仕事への動機づけや充実感、幸福感の減退、ひきこもり現象のような無力感の高まりはそうしたサインであろう。また、人間の心は、本来、関係があるものを無下に切り捨て、見ないようにしようとすれば、それに対する警告を発してくる。さきほど見てきた日本の因果応報的・自罰的な怪談話は、「関係ないよ」といって意識では切り捨てようとしたものが、「関係あるよ」と心の奥底から応答してきたものにほかならない。『リング』が広まったのも、大切にされなくなった「日本的感受性」が我々とのつながりを主張しているからではないだろうか。

ナショナル・アイデンティティの不統合

前章と本章で見てきたように、戦後、特に1990年代後半以降の日本人は、ダブル・バインドなメッセージにさらされ、意識レベルの価値観と半ば無意識のレベルの志向性がばらばらとなり自己矛盾を起こしている状態にある。

構造改革の掛け声の下、米国から導入した明示的な意識のレベルの価値観に合わせ、伝統的・土着的で関係志向的な心理的傾向性やそれに基づく慣習や社会構造などを壊そうとしてきた。しかし、心の傾向性、慣習、社会構造は簡単には改造できず、逆に、仕事への動機づけや人生の充実感の減退、ひきこもり現象にみられるような無力感、あるいは『リング』の流行の根底にあるような罪悪感や不安感の高まりに苛まれている。意識レベルと半ば無意識のレベルとの不統合から生じるナショナル・アイデンティティの不安定さが、90年代半ば以降の現代日本人の心象風景であろう。

これを改善し、統合と安定を得るためにはどうすればよいだろうか。意識と深層意識をつなぎ、ナショナル・アイデンティティの統合と安定をもたらす努力に向かうことが必要だろう。この点については、章を改めて考察を加えていきたい。

第五章　真っ当な国づくり路線の再生

二つの方法

現代の日本人の多くは、ダブル・バインドなメッセージにさらされ、意識レベルと半ば無意識のレベルの価値観がばらばらとなり自己矛盾を起こしている状態にある。意識と深層意識との不統合から生じるアイデンティティの不安定さを解消するためにはどうすればよいだろうか。本章ではこの問題について考えたい。

理屈でいえば、この不統合を解消する方法には大別して二つのものが考えられる。第一の方法は、意識レベルの価値観を重視し、こちらに半ば無意識のレベルを適合させようとするものである。第二の方法は、対照的に、半ば無意識のレベルの心理的傾向性に重きを置き、それに適合するように意識レベルの価値観を調整し更新していくという方法である。

私は、第二の道を模索すべきだと考える。なぜなら、第一の方法は、これまでさかんに試みられてきたが、うまくいかなかったからである。それどころか、現在の日本をダブル・バインドの状況に追いやってきた大きな要因そのものだと見られるからだ。

これまで論じてきたように、戦後の日本社会は、米国をはじめとする欧米のものの見方の影響を強く受け、日本の伝統的道徳は、自律性に欠け、集団主義的ないし同調主義的で劣ったものだとみなす傾向が強かった。特に、１９９０年代後半以降は、構造改革の名の下に、主に米国から導入した価値観を明示的な意識のレベルでは取り入れ、それに合わせて、伝統的・土着的な関係重視の心理的傾向性やそれに基づく慣習や規範、社会構造の変革を試みてきた。

だがこの試みはうまくいかなかった。日本の国際競争力は構造改革以降、低下が著しい。そして何よりも、前章まででみたように、人々が動機づけ（やる気）や充実感、幸福感を抱くための土台を壊してしまっている。

変えにくい半ば無意識の心理的傾向性

意識レベルの価値観に合わせて半ば無意識のレベルの心理的傾向性やそれを取り巻く慣習や社会構造を変革しようとする方法がうまくいかないのは、人々の動機づけや充実感の土台を壊してしまうということもあるが、この変革が非常に難しいからでもある。変革の難しさについて、本書でもたびたび参照してきた文化心理学の見方に触れながら、少々詳しく見てみよう。

従来の心理学では、思考、認知、感情、動機づけなどの半ば無意識の心の働きは普遍という前提で研究が進められていた。文化心理学の前提は異なる。北山忍は、心の働きは、人々の心と、社会の慣習や規範、社会構造といったものの相互作用の過程のなかで理解する必要があると論じる。[1]

どの社会でも、伝統的な慣習や規範、社会構造といったものが長い時間をかけて形成される。これらは、各々の社会で多かれ少なかれ独自の特徴、つまり文化的特徴を帯びる。各々の社会に生まれ落ちた個人は、そうした文化的特徴を備えた慣習や規範、社会構造に参加するなかで自らの心の働きを形成していく。ここでいう慣習や規範、社会構造には、非常に幅広いものが含まれる。たとえば、当該社会が用いている言語の構造や日常会話の習慣、家庭におけるしつけや子育ての慣習、学校教育の方法や制度、社会正義や公正さに関する人々の感覚（規範意識）、法制度や経済制度、商慣習などである。

結果として、個々人の心の働きも社会ごとの文化的傾向性を帯びたものとなる。また、心の働きの面で文化的特徴を共有する人々が、その社会の慣習や規範、社会構造といったものを維持し、時代に応じて修正を施していく。

北山は、このように、慣習、規範、社会構造などの周囲の事物と人々の心との間の相互構成（mutual constitution）の過程に注目する必要性を指摘する。

ここで留意すべきは、半ば無意識の心の働きにしても、慣習、規範、社会構造などにしても、文化的特徴とは、ある一要素だけを切り離し、その部分だけ意図的に変革することは難しいということである。ある一要素にだけ着目し、それを意図的に変革したとしても、その変化を維持することは容易ではない。むろん、一要素だけでなく大規模かつ全面的な文化変革という道も理屈のうえではあり得るが現実的ではない。

本書のここまでの議論に照らして、もう少し具体的にこの点を確認してみたい。

第二章で見たように、日本で優勢な、関係を重視する「状況重視の道徳観」は、「相互協調的自己観」と結びついている。そして、「相互協調的自己観」は、たとえば、人の呼び方という日本語の言語習慣と密接に関連している。英語では、自分は常に「アイ」(I)であり、相手は「ユー」(you)だが、日本語では自分を指す時も、相手を指す時も周囲の状況やその場での関係性に応じて、その呼び方を敏感に使い分けなければならない。関係のなかで定義される傾向の強い日本人の「相互協調的自己観」は、日本語の言語習慣のなかで日々形成され、確認され、強化されている。そして、この関係的な自己観が状況重視の道徳観の基礎となっている。

したがって、「状況重視の道徳観」を変革し、米国など欧米で優勢な「原理重視の道徳観」に近づけようとすれば、「相互協調的自己観」を変えることも求められよう。また、自己観を変えるためには、人の呼び方などの日本語の言語習慣から改める必要がある。だが、このような「改革」は、たとえ知的にその必要性が理解できたとしても、実行に移すのは非常に難しい。

たとえば、法律を作って人の呼び方を変革するなどということは民主国家では許されないだろう。また、個々人の感覚の面でも非常に難しい。自分の子どもから「あなたは……」と呼びかけられるとしたら、日本の親の多くは強烈な違和感や抵抗感を覚えるのではないだろうか。あるいは自分の先生に向かって「あなたは……」と呼びかける場合でも、同様だろう。

子育てや教育の慣習の変革の難しさ

半ば無意識の心理的傾向性やそれを形作り支えている慣習の意図的変革の困難さについて、もう二つほど例を挙げたい。

たとえば、子育てや教育の慣習である。第二章で見たように、関係を重視する「状況重視の道徳観」の形成には子育てや教育の手法が影響を及ぼしている。したがって、道徳観を変えようとすれば、子育てや教育の慣習から変革する必要があるが、これもまた容易ではない。

この点について、教育学者の恒吉僚子が著書のなかで紹介している恒吉自身の子ども時代の体験が興味深い。恒吉は、子ども時代を米国で過ごしたのだが、6歳の時、米国人女性から次のように叱責《しっせき》されて非常に戸惑った覚えがあるという。少し長いが恒吉の著書から引用する。[2]

ある春の日、六歳の私は、母とシンディーという女性に連れられてドライブに出かけた。母が運転し、隣りにシンディーが座り、私は後部座席で窓ごしに外の新緑を眺めていた。突然、新緑の薫りを胸一杯吸いたくなった私は、窓を降ろしはじめた。その時、顔を半分私のほうに向けながら、いかにも権威を持った口調でシンディが、「いたずらは止めなさい！」と怒鳴ったのである。そこには、自分の命令を聞かないなどとは言わせない、という威嚇的な雰囲気があった。

さて、私は家ではこのような叱られ方をされていない。私は悪気があったのでも、いたずらをしようとしたのでもなく、外気を入れようとしただけなのである。私は少々傷つきながら反論しようとしたのだが、その言葉を遮って、シンディーはさらに厳しく、

「言う通りにしなさい！」と有無を言わせない口調で申しわたしただけであった。会話はここで終わった。

このように叱られて、子ども時代の恒吉は、非常に腑《ふ》に落ちない思いがしたという。恒吉の整理によれば、恒吉が戸惑ったのは、シンディーの叱り方が、主として自分が大人であるという権威に拠《よ》り所を求めるものであったからだ。第二章で見たように、大人としての権威に訴え、断固たる口調で子どもの行動を改めさせようとする仕方は、日本と比べた場合、米国で特徴的に見られるものである。日本人の両親のもとで育った恒吉は、このような叱られ方に慣れていなかった。

恒吉は、もしこれが自分の家の出来事であったならば、おそらく「他の人が寒いでしょ……」などという具合に注意されたはずであるし、そう言われれば素直に「自分のせいで誰かに風邪をひかせでもしたら大変だ」と考え慌てて窓を閉めたに違いないと回想している。日本の親は、子どもの行動を改めさせようとするとき、他者の気持ちや状況に訴えかけ、他者の観点から自分を見つめさせるという手法をとることが一般的だが、恒吉も自分の家庭であればそうだったであろうというのである。

前述のとおり、「相互独立的自己観」が優勢な米国では、しつけや教育も親と子という独立した人格同士のぶつかり合いと捉える傾向がある。そのため、親は子どもを揺るぎない態度で善導すべきだという考えに立ち、シンディーという女性がそうしたように、断固たる口調で叱責することが少なくない。

もし、日本の「状況重視の道徳観」や「相互協調的自己観」を変革するのであれば、日本でもこうした権威に訴える米国型の断固たるしつけがとられる必要があるだろう。だが、日本人の親はこういうしつけのやり方に感覚のうえで抵抗を感じるのではないだろうか。やはり、他者の気持ちを参照させる手法を知らず知らずのうちにとってしまう者が多いのではないかと思う。しつけの方法を変えることも容易ではないのである。

教科書の記述に対する違和感も

家庭でのしつけの手法について触れたので、学校教育についての例も取り上げたい。

第二章で見たように、社会心理学や比較教育学の分野では、各国の学校で使っている国語教科書で取り上げられている物語文を分析することがよくある。国語教科書のなかの物語の登場人物の行為や考え方には、それぞれの国の人々が見本とすべきだと考えている内容が反映されると想定されているからである。そのため、たとえば、日米の道徳意識の相違を探る目的で、しばしば国語教科書の物語文の比較が行われる。
米国の教科書には、たとえば次のような物語が掲載されている。あらすじは以下のようなものである[3]。

〈何かおかしい夏休み〉（小学校４年生）
グエンは友達と一緒に、毎週浜辺で行われる「砂のお城づくりコンテスト」に挑戦する。妹のナンが手伝いたがるが、めちゃくちゃにされてしまうからと仲間に入れてあげない。
　グエンたちは一生懸命に城を作るが、毎週、食事やトイレのすきをねらわれて製作中の城がこわされる。夏の最後のコンテストの日に犯人を捕まえてみると、仲間に入れてくれないのを怒った妹のナンの仕業だった。まだ審査に間に合うので、グエンたちは、城をつくり直す。妹のナンがしょげて、「ごめんなさい、私にも手伝わせて」と謝るが、姉のグエンは「ダメ」と一喝。そしてグエンの城はついに一等賞になる。
　その夜、母親は、城をこわしたナンに夜の花火を見させなかった。みんな海岸に座って見たのに。

この物語のあらすじを一読して、私を含め多くの日本人は当惑するのではないだろうか。姉は、自分から謝ってきた妹を許さず、母親も厳罰を与えた。日本人の多くは、これでは、妹と姉、あるいは妹と母親との関係が修復できず、妹は心に傷を負ってしまいかねないと心配になるのではないか。

日米の国語教科書の比較をテーマとする本の著者である今井康夫は、この話について「米国は、甘えが許されない自己責任の貫徹する社会であり、過ちを犯した場合には救いがない」と論評する。[4] 教育心理学者の臼井博は、やはりこの話について、米国の教科書では、たとえ親と子、兄弟姉妹同士であっても悪いことは悪いこととして許さず、意見が食い違ったときは相互に譲り合うよりは自己主張し合いながら、調整に努めるというタイプの話が多いと指摘する。[5] 前述のとおり、「相互独立的自己観」や「原理重視の道徳観」の優勢な米国では、親子、兄弟姉妹などでも相互に独立した、別個の欲求をもった存在だと捉え、互いの自己主張や対立は当然だと捉えるのである。

ただ、このように説明されて、米国の教育や文化的見方を知的に理解できるようになったとしても、おそらく、多くの日本人にとって、米国教科書のこの物語は感覚のうえではやはり当惑や違和感を拭《ぬぐ》いがたいと思われる。

日本の教科書であれば、同様の場面を扱う場合、だいぶ異なった展開になるだろう。たとえば、妹のナンが「ごめんなさい、私にも手伝わせて」と言ってきたら、姉のグェンは反省しているかどうかを尋ね、反省が感じられれば、「いいよ、一緒に作ろう」という具合になるのではないか。そうでないとしても、最後の場面では、母親が、妹に「お姉ちゃんたちの気持ちを考えて、反省しなきゃダメよ」と語り、謝罪するように促し、姉と和解させるだろう。そして、仲直りした後に、家族みんなで一緒に花火を見るという展開を日本人の多くは好むと思われる。

もし、日本の「相互協調的自己観」や「状況重視の道徳観」を改め、米国のように「相互独立的自己観」や「原理重視の道徳観」が優勢な社会に作り替えようとするのであれば、ここで取り上げたグェンとナンの物語のような話を国語教科書に数多く掲載し、それに違和感を覚えない子どもを育成するように努めなければならないことを意味する。日本人の多くは、これにやはり感覚的に抵抗を覚えるのではないだろうか。

以上論じてきたように、半ば無意識の心理的傾向性を変えることは、前章までで見てきた動機づけや充実感などを減退させる恐れがあるという点で望ましくないだけではなく、変えることが非常に難しいということも言える。これを変えるためには、言語習慣まで変革しなければならない。また、子育てや教育の慣習も大幅に変える必要がある。これは非常に困難である。

「質の悪い輸入業者」

それゆえ、外来の理念や基準を無批判に導入し、その理念や基準に合わせて日本の社会や文化を変革しようとする頭でっかちな試みは手控える必要がある。

この点について、文化人類学者の梅棹忠夫《うめさおただお》が１９５４年のある論説で展開した議論は面白い[6]。

梅棹は、欧米の思想や理念を無批判に導入し、そこから日本社会の評価を行う戦後の知識人を揶揄《やゆ》して、一種の質《たち》の悪い輸入業者ではないかという趣旨の批判を展開する。「西洋の品物を輸入して、たいした吟味もせずに日本人に押し売りをしている」というのである。「西洋のものの見方をそのまま肯定して、……西洋人の目で日本をみる」。こういう仕方を梅棹は好ましくないものとして批判する。なぜなら我々は西洋人ではなく独自の文化をもつ者だからである。梅棹は次のような強い口調を用いる。

「……わたしたちは西洋人ではない。日本の土民である。日本の国土のうえに、日本の文化のなかに、日本の生活を営んできたところの、日本の土民である。土民には土民の生活があります。……思想もなにも、すべてのものはこのうえにきずかれなければならない[7]」

「土民」とは、一見、あか抜けない、ともすれば乱暴な印象を与える言葉だと感じる向きもあるかもしれない。だが、これはなかなかいい言葉である。人間とは、明示的な意識のみで形成されているのではなく、明示的な意識の背後にある各々の伝統的・土着的な深層意識や文化的なものから決して完全には切り離し得ないものだということをうまく表現する言葉だからだ。

梅棹は次のようにも記す。

「いま必要なのは、日本の土民をみつめることだ。日本民俗学は、日本の思想家のおさめるべき必須科目である」[8]

和魂洋才、採長補短のすすめ

梅棹は、決して外来の理念や思想を取り入れるな、排斥せよ、などと言っているわけではない。外来の理念や思想を摂取する際は、無批判に取り入れるのではなく、日本人の生活に適合し、それをよりよくするものかどうか十分に吟味し、取捨選択し、日本化を施したうえで移入すべきだと論じるのである。

そのために、日本の知識人は、日本人の半ば無意識の心理的傾向性やそれを形作ってきた日本の習慣や慣習についてよく知らなければならない。その意味で梅棹は、日本民俗学は必須《ひっす》科目だというのである。

梅棹は、明治以来の日本の外来の知の摂取には、「採長補短」という考え方があったと論じる。「採長補短」とは、文字通り、外国の長所を学んで我が国の短所を補うという意味である。あるいは「和魂洋才」ともよく言われた。

梅棹は、「採長補短」「和魂洋才」が戦後、好まれなくなったことを嘆く。西洋の思想を体系的に学ばなければだめだ。「洋魂洋才」にならなければいけない。そういう具合になってしまったというのである。そのうえで、専門の思想研究者ならいざ知らず、一般人の観点からすれば、やはり「採長補短」「和魂洋才」という考え方の「原則的なただしさを承認すべき」だと梅棹は論じる。[9]

私は梅棹の議論に共感する。梅棹の議論は60年以上も前のものであるが、今後の日本社会のあり方を考えるうえで有益な示唆を提供している。

人間はやはりそれぞれ「土民」なのである。生まれ落ちた国や地域の伝統的な慣習や規範、社会構造のなかで育《はぐく》まれ、それに応じた半ば無意識の心理的傾向性を身に付けた存在である。この心理的傾向性やそれを取り巻く慣習などは、意図的に自由自在に変えられるものではない。外来の新しいもの、優れたものを取り入れる際は、自分たちの国や地域の慣習や規範、社会構造の特徴をよく知っていなければならない。それらとの適合性を常に考慮するべきである。

すなわち、我々日本人は、日本の「土民」であることを意識し、自分が生まれ落ちた社会の慣習や規範、社会構造の特徴を、ならびにそのなかで育まれた心理的傾向性を、よく理解し、そこから出発する必要がある。

半ば無意識の心理的傾向性を前提に

結局、今後とるべきは、本章冒頭で述べたところの第二の方法、つまり半ば無意識のレベルの心理的傾向性を前提に、それに適合するように意識レベルの価値観の独断性を改め、それを更新・調整し、また制度やルールを工夫していくという方法だと言える。

北山忍も、現在の日本社会の陥っている価値観の自己矛盾状況を克服するために、基本的にこの方法をとるべきだとする。[10] 北山がそのように考える理由は、やはり半ば無意識の心理的傾向性は、いったん身に付くと変えるのが難しいものが多いということである。北山自身、米国で20年近く暮らしているが、味覚、動作、行動などはやはり日本人として身に付いた半ば無意識のものがどうしても離れないという。

北山は、「……何を正しいとして、何が望ましいとして、何をもって価値観として考えるのかを社会全体として見直すことのほうが容易かもしれない」[11] と述べ、明示的な意識レベルのもののほうを変えることを推奨する。つまり、関係性を重視する半ば無意識の心理的傾向性を認識し、それを前提として明示的な意識レベルの価値観を再構築していくべきだというのである。この作業は、人間関係こそが個を実現するための糧であると捉える一種の「日本型個人主義」を構想する作業かもしれないとも語っている。

私も北山の主張に同意する。本書の第二章で私が行った試みは、まさに、既存の明示的レベルの価値観に再考を迫ったものである。日本の道徳観を低く評価するルース・ベネディクト以来のものの見方に疑義を呈し、日本にも、欧米とは異なるものかもしれないが、一つのれっきとした自律性や成熟の理念があり、多くの人々はそれに重きを置いてきたはずだと論じた。

本書の議論がうまくいっているかは読者の判断に委《ゆだ》ねたいが、半ば無意識の日本的なものの見方や慣習や規範を明らかにし、その意義を論じ、それに適《かな》った社会の枠組みを探求する試みが多種多様な角度からもっと活発に行われてよいはずだ。

「日本的価値観」を定式化する試みの困難さ

しかし、日本人は、自分たちの半ば無意識の心理的傾向性やそれと関連する慣習や規範、社会構造といったものの意義を言語的に定式化し、説明していくことが苦手なようだ。あまり体系的かつ大規模に行われてもこなかった。いくつかの理由が挙げられるであろう。

第一に、まさに文化的傾向として、日本人は、言語的自己主張をあまり好まないことが指摘できる。本書で見てきたように、日本の道徳観では、口に出して言われる前に互いに相手の気持ちや状況を察することが好まれてきた。また、しつけや教育の面でも、感情移入能力の発達を促すことに力を注ぎがちだ。「沈黙は金」「巧言令色すくなし仁」、あるいは「背中で語る」といった具合に、日本には、「言挙《ことあ》げ」、つまり、言葉を尽くして何かを主張したり、論議したりすることを好まない文化的傾向がある。

日本のこの文化的傾向は、自己の利害や権利を言語的に自己主張することが好まれる欧米とは対照的だと言える。私の本来の専門は欧米の政治理論や政治哲学だが、この分野の本や論文を読んでいると、いつも、「欧米文化の人々は本当に多弁で議論好きだな」と感じる。自分たちの考え方を常に厳密な言葉で言い表し、理論化し、その正しさを周囲に主張していこうとするエネルギーには圧倒される思いがする。

第二に、これは戦後特有の事情であるが、戦後の日本では、「日本的価値観」「日本的精神」といったような言葉をなかなか口に出しにくい雰囲気がある。

前章で佐伯啓思などの議論を紹介しつつ言及したが、現在でも、戦後日本は、米国的な歴史観や価値観を受け入れることを通じて国際社会に復帰したという見方が根強くある。また、麻生太郎《あそうたろう》や安倍晋三《あべしんぞう》などの有力政治家は、近年、「価値観外交」といった言葉を用い、日米同盟は、共通の価値観に基づき結ばれたものだと主張することが多い。

それゆえ、佐伯も指摘するように、戦後社会では、「日本思想や日本的精神や日本文化の独特さ」などということを言いにくい状況にある。[12] そういうことを言い出すと、戦後の世界秩序の枠組みを否定するのではないか、あるいは、日米同盟という現在の安全保障の枠組みを壊してしまうことにつながるのではないかという印象を周囲に抱かれる可能性が高い。「右翼」「ナショナリスト」「国粋主義」などとレッテルを貼られ警戒されてしまう恐れもある。

「筆豆の口達者」に負けないように

以上のように、半ば無意識の心理的傾向性やそれを形成してきた日本の慣習や規範を見つめ、言語化し、その意義を定式化していくうえではいくつかの困難がある。だが、困難を克服し、その作業を行っていかなければ、現在の日本社会を覆っている閉塞《へいそく》感や無力感の解消は望めない。

つまり、あえて「言挙げ」を行うべきである。また、いわゆる日本的価値観や文化的独自性を論じれば戦後秩序の枠組みを壊してしまうのではないかという懸念にも対処していく必要がある。

「言挙げ」、つまり、半ば無意識の心理的傾向性や慣習、規範などの言語化やその意義の定式化が必要だということについては、柳田国男のかつての指摘が興味深い。柳田は、日本人の死生観を語る文脈で、日本の伝統と外来宗教の教理との区別を明確化しない日本人の態度について嘆いた。[13]

柳田は、日本では、自分たちの伝統的な死生観と外来宗教の教理との「二つを突き合わせてどちらが本当かというような論争はついに起らずに、ただ何となくそこを曙染《あけぼのぞめ》のようにぼかしていた」と指摘する。このままでは、欧米などの外国人の主張に、日本人の側が押されてしまい、日本人は自分たちを見失ってしまうのではないかと柳田は危惧《きぐ》する。そして次のように記す。

「なぜかというと向うは筆豆《ふでまめ》の口達者であって、書いたものがいくらでも残って人に読まれ、こちらはただ観念であり古くからの常識であって、もとは証拠などの少しでも要求せられないことだったからである[14]」

柳田のこの懸念は、日本人の現状にも大いに当てはまる。米国をはじめとする外国人の多弁さに圧倒され、指導的立場の者を含む多くの日本人が、自分たちの価値観やものの見方を見失い、自他の区別がつかない状況に陥っているようだからだ。

私は、日本が、米国のように、自己主張を美徳とする社会になってほしいとは決して思わない。そうなってしまっては本末転倒である。日常生活は、言語的自己主張よりも感情移入能力に重きを置く「思いやり」「気配り」を基本とする社会であるべきだ。

だが、日本人自身が、日本で優勢な価値観やものの見方をきちんと意識化し、言語化し、その意義を知的に認識する必要は現代では大いにある。少なくとも言論を生活の糧にしているジャーナリストや評論家、大学教員などはそうであるべきだ。そして必要とあれば、それを外国に対してしっかりと説明できなければならない。

そうしなければ、「筆豆の口達者」である米国をはじめとする外国の人々に言い負かされたり、自らの価値理念がわからなくなり、彼らの価値理念を自分たちのものと取り違えたりすることが今後も生じると思うからだ。

日本的価値観と戦後秩序

次に、いわゆる日本的価値観や文化的独自性といったものを論じることで戦後秩序の枠組みを壊してしまうのではないかという懸念について考えてみたい。

これは「戦後秩序」をどう捉えるかによるだろう。「戦後秩序」が、米国の軍事力による安全保障の提供と引き換えに、日本の国家主権の一部が制約されている状態を指すのであれば、そもそもそこからの脱却を目指すべきであろう。

戦後日本は、安全保障を米国に負っているため、米国の方針を、意に添わぬ場合でも受け入れざるを得ない状態に置かれている。実際、構造改革協議などの通商交渉でも、日本に適合しないと思われる「改革」であっても受け入れざるを得ないこともあったはずである。

このような不利な立場からは脱するよう努めるべきである。だが、こう述べれば、懸念を覚える読者も多いと思われる。すなわち、米国の軍事力の傘から距離をとり自主防衛路線を模索することは、ともすれば平和主義の原則を犯し、軍国主義へと走る危険性があるのではないだろうかという懸念である。

この懸念については、日本が自主防衛路線を強化することになっても、そのことが平和主義から離れ、軍国主義的になるということは必ずしもないということを指摘したい。そのような懸念は、本書が第二章で批判した見方、つまり日本人の道徳観は同調主義的で流されやすく、ともすれば危険な方向に走りやすいのではないかという不信からくるところが大きいのではないか。そこで述べたように、このような見方に立つ必要はない。日本人も、大いに自律的になり得る。もっと自分たちを信用すべきである。

「戦後秩序」を単に自由民主主義と市場経済からなる秩序だと捉える場合もあるだろう。近年、「価値観外交」などと称して、日米同盟は、自由や民主主義、人権、市場経済といった価値理念を共有することから結ばれている同盟だということがしばしば強調される。このとき、「日本的価値観」を論じ、米国とは異なる独自の価値観を持つ国だということを強調すれば、日米同盟が壊れてしまうのではないかと懸念する者もいる。

私は、この懸念は当たらないと思う。「自由民主主義」や「人権」、「市場経済」といった価値理念は米国の専売特許ではない。それゆえ、「日本的価値観」を持ち出すことが、自由民主主義や人権、市場経済を否定することには必ずしもつながらないからだ。

英国の政治哲学者ジョン・グレイは、リベラリズム（自由主義）の伝統には、二つの要素があると論じている[15]。一つは、普遍、つまり世界共通であることを重視し、それを体現する理想的制度を求める要素である。もう一つは、文化的多元性を重視する要素である。

前者は、普遍的だとされる一つの政治経済制度の世界各国への伝播《でんぱ》という宣教師的態度につながりやすい。たとえば米国型の新自由主義的政治経済システムの各国への伝播などである。

後者の文化的多元性を強調する立場をとれば、「自由民主主義」や「市場経済」は、前者のように、単一の形態しかないものとは見ない。これらの理念や制度は、各国・各地域の文化に根差し、それを土台として国や地域ごとに特徴ある形に作られていくはずのものだと理解する。米国型の自由民主主義や市場経済もあれば、日本型の自由民主主義や市場経済もある。他にも、たとえば、ドイツ型、北欧型など多様なものがあり得るだろう。

私は、グレイと同様、リベラリズムの伝統は、後者、つまり文化的多様性を重視しつつ解釈すべきだと考える。[16]リベラリズムが、各国の文化的多様性を認めず、一つの型に押し込めるようなものであってはおかしいと思うからである。

このように考えれば、「日本的価値観」を重視し探求するとしても、必ずしも自由民主主義や市場経済を否定することにはつながらない。日米同盟の否定も意味しない。米国は、米国の文化や伝統のうえに米国型の自由民主主義や市場経済を追求する。日本は、やはり日本の文化や伝統を基盤に日本型の自由民主主義や市場経済を目指す。そのように考えればよいからである。

脱《ポスト》・構造改革路線の方向性

私が提案したい今後の日本がとるべき脱・構造改革路線も、基本的には、日本型の政治経済システムを模索していこうというものである。[17]

関係を重視する半ば無意識の心理的傾向性やそれと密接な関係を持つ日本の慣習や規範のあり方をまず認識する。これらを前提としたうえで、人々が、最もなじみやすく、仕事への高い動機づけや人生の充実感、幸福感を抱けるような経済や社会のあり方、そしてそれを支える政治のあり方を試行錯誤的に探求していこうとするものである。

1990年代半ばごろまでは、いわゆる「日本型資本主義」「日本型市場経済」「日本型経営」などの議論が論壇でも学界でもしばしばなされていた。「日本型」だけではなく、「アングロ・サクソン型」「ドイツ型（ライン型）」「フランス型」「北欧型」など、各国の文化や歴史を考慮したさまざまな市場経済のあり方が議論されていた。

たとえば、それぞれ英国とドイツの政治経済学者であるC・クラウチとW・ストリークが編集した『現代の資本主義制度』という本には、資本主義の多様な形態として、日本、ドイツ、フランス、イタリア、英国、米国などのものが紹介・検討されている。[18]

だが、この本の終わりのほうでも触れられているが、90年代末になると、グローバル化の進展に伴い、各国の資本主義制度の特徴は失われていく。

日本に関しても90年代後半以降、「日本型資本主義」「日本型経営」はあまり論じられなくなる。論じられるとしても、第三章で東谷暁の本を参照しつつ触れたように、遅れた、改革すべきものとして扱われるようになった。

クラウチとストリークの本では、「日本の独自性」という日本の資本主義を扱った章は、ロナルド・ドーアが執筆している。ドーアは、かつての日本型資本主義を非常に肯定的に捉えていた。大きな格差を生まない、安定した日本の経済発展を可能にしたのは日本型資本主義だったと見る。

かつての日本型資本主義の特徴

ドーアによれば、かつての日本型資本主義の特徴として挙げられるのは、従業員の共同体として企業を捉える点だ。アングロ・サクソン型と日本型の資本主義での企業の捉え方を比較すれば、それぞれ「株主所有物企業」と「準共同体的企業」とに分類できる。[19]

アングロ・サクソン型資本主義は、企業は株主の所有物であることを強調し、もっぱら株主の利益を考慮して経営されることを望む。他方、日本型資本主義では、企業は、株主の所有物というよりも、経営者を含む従業員の共同体として理解される。また、株主の利益だけでなく、従業員、顧客、取引先、国、地域社会など幅広いさまざまな関係者の利益も考慮して経営される必要があると考えられていた。

ドーアは、日本型資本主義を、いくつかの慣行の組み合わせによって成り立つ一種のシステムとして理解していた[20]。次のような慣行である。①雇用関係は、流動性が低く、長期雇用が前提。②供給業者（サプライヤー）との関係も流動的ではなく、長期の付き合いを前提とする。③株主資本は、短期的な収益には敏感ではなく、我慢強く長期的な関わり方をする。

その結果、敵対的乗っ取りはほとんど生じない。銀行との長期的な取引を前提とするいわゆる「メインバンク制」やグループ会社や取引先と株式の持ち合いをすることが株主資本の長期的視野での行為を可能にしている。

これらの慣行は、一つの要素が他の要素をそれぞれ支える関係にある。たとえば、株主の力が強く、短期的配当に敏感であれば、従業員の長期雇用や供給業者との長期的な付き合いは成り立たないであろう。短期的な配当を生み出すために、雇用や供給業者との関係を見直すことが経営者に求められるようになるからだ。

日本型資本主義は、やはり日本の文化的傾向のなかから生じてきたものとドーアは捉える。[21]何百年にもわたる水田耕作の伝統から来ているのか、儒教の教えからなのか、文化的淵源《えんげん》はよくわからないとしつつも、米国や（ドイツ以外の）ヨーロッパの諸国民と比べて、日本人は他者との敵対的な競争よりも協調を好む傾向がある。また、性悪説に立つよりも性善説に立つ傾向があるとも論じる。加えて、行動の際に、自分自身の満足だけではなく、自分の行動が取引相手や同僚や顧客など多様な他者に対して及ぼすしわ寄せを考慮する傾向があるとドーアは述べる。

すなわち、ドーアは、かつての日本型資本主義は、多様な他者との関係性を重んじるという意味で共同体的な日本の文化を基盤とするものだとみる。そして、そうした文化的傾向を前提に、人々がよりよき暮らしを求めて試行錯誤を繰り返すなかから主に戦後、自生的に発展してきたものだと考えるのである。

ドーアは、日本型資本主義を高く評価するため、これが１９９０年代後半以降のグローバル化や構造改革のやみくもな推進のなかで失われていったことを嘆く。近年では、『幻滅』というタイトルの書籍まで出版し、まさに日本社会に対する失望を明らかにしている。[22]

グローバル化の本質

私は、あるべき脱・構造改革路線とは日本型資本主義をあらためて構築していくことだと提案したい。もちろん、かつてのものをそのまま復活させるわけにはいかない。1990年代前半までとは、日本の経済状況も、日本をとりまく国際情勢も大きく変化している。

しかし、日本の文化的傾向性を見つめたうえで、多くの人々が仕事への高い動機づけや充実感、幸福感を得られる経済社会を、現在の状況のなかで作り上げていくということを目標に試行錯誤的探求を始めるべきだと考える。

いうまでもなく、これはなかなか容易なことではない。世界的に見られる現在のグローバル化路線に修正を迫るものだからだ。

グローバル化とは、そもそも、ヒト・モノ・カネ（資本）・サービスの国境を越える移動を自由化・活発化させることを指す。このなかで最も大きな影響力をもったのは、カネ、つまり資本の国境を越えた移動の自由化・活発化である。国によって時期の違いはあるものの、80年代から資本の国際的移動に対する規制緩和が各国ではじまり、90年代に本格化した。日本でも、90年代半ばの橋本龍太郎政権のときに「日本版金融ビッグバン」が始まり、規制緩和が進められたことは前述のとおりである。

資本の国際的移動の自由化が進んだことが、各国のそれまでの特徴ある資本主義の形態が変えられ、株主中心主義的なアングロ・サクソン型の資本主義に収斂《しゅうれん》していった主な要因である。

資本の国際的移動が自由になれば、グローバルな投資家や企業は、最も儲《もう》けやすい国や地域に資本を移動させようとする。つまり、最もビジネスしやすい環境が整えられた国や地域に投資したり、そこに既存の生産拠点を移動させたりしようとする。

こうした動きに伴い、各国の経済政策や制度も変更を余儀なくされる。グローバルな投資家や企業に好まれる「最もビジネスしやすい環境」を整えなければ、国内にある資本や企業が流出してしまう恐れ、および海外からの投資や企業の進出が行われなくなってしまう恐れが生じるからだ。そのため、各国の政府は、構造改革を行い、国内のさまざまな制度やルール、慣行をグローバルな投資家や企業に好まれるものへとこぞって変えていくことになる。政治の公平性のバランスは大きく崩れ、グローバルな投資家や企業に有利で、各国の一般庶民には不利な制度変更や政策立案が数多く行われるようになる。[23]

たとえば、次のようなものである。[24]株主（投資家）の権限を強くするために、コーポレート・ガバナンス（企業統治）の仕組みや会計基準を変え、配当が何よりも優先されるようにする。あるいは、人件費を安くしたり、リストラしやすくしたりするため、雇用慣行を改め、正社員を非正規労働者に置き換えたり、労働者を守る各種の法律や規制を緩和したりする。各種の福祉や公共サービスを削減し、企業の社会保障負担を減らす。税制改革を行い、法人税を引き下げる。景気の波に左右されず、安定した利益が見込める電気やガス、水道などの社会的インフラ分野、あるいは医療や教育、農業といった分野の規制緩和を行い、自由化・民営化し、グローバルな投資家や企業が参入し、ビジネスできるようにする。貿易自由化を謳《うた》い、各種関税を撤廃する。

以上のような一連の構造改革が各国で行われ、その結果として、各国の経済社会の仕組みは、株主中心主義的な「グローバル・スタンダード」へと変えられてしまう。日本の構造改革も、この世界的な流れのなかの一環である。

したがって、新たに、「日本型資本主義」を目指していくためには、資本の国際的移動に一定の制約をかける必要がある。これはグローバル化の流れ自体に少なくとも一定の歯止めをかけることを意味する。

脱《ポスト》・グローバル化の可能性

グローバル化の流れに歯止めをかけるといえば、「今どき鎖国するのか」とか「孤立主義を目指すのか」などという疑問が生じるかもしれない。あるいは、グローバル化の流れに抵抗し、それを押しとどめることは不可能だという反論も寄せられるかもしれない。

これはどちらも当たらない。まず、グローバル化の反対概念は、鎖国や孤立主義ではなく、むしろ国民主権の復権である。ヒト・モノ・カネ（資本）・サービスの越境的な流れを国が民主的に監督、調整していく力の復権である。実際、２０１６年6月の英国のＥＵ離脱の国民投票での「離脱」への投票、ならびに同年11月の米国大統領選挙でのトランプへの投票の背後にあったのは、グローバル化に対する人々の反発だったが、これは鎖国や孤立主義を望んだものではなく、この意味での国民主権の復権を願ったものだった。

フランスの歴史人口学者エマニュエル・トッドは、これらの投票の背後には、英国や米国の庶民の「グローバル化疲れ」があると述べる。[25] なお、トッドによれば、「グローバル化疲れ」は英国や米国で表面化したが、多かれ少なかれ、他の先進諸国でも見られる最近の世界的現象である。

グローバル化は、前述のとおり、グローバルな投資家や企業が望む、彼らにとっては好ましい「ビジネスしやすい環境」を作るが、この環境は、言うまでもなく、各国の庶民にとっては暮らしにくい不公正な環境にほかならない。経済面では、人件費は上がらず、雇用も不安定化する。税制は庶民に不利なものとなり、福祉や公共サービスの質の低下も生じる。医療費や教育費の高騰も免れない。また、社会面や文化面でも、移民や外国人労働者の流入で大きな変容が起こり、社会不安が生じやすい。加えて、日本でもそうだが、構造改革の連続により、人々はなじみのない制度への対応を絶えず迫られる。

このように、グローバル化は、経済的にも社会的・文化的にも、先進各国の大多数の庶民の生活の基盤を揺るがし、社会を疲弊させる。グローバルな投資家や企業という「持てる者」にとって有利である一方、各国の一般庶民といった「持たざる者」にとっては不利である不公正な社会を作り出し、社会的格差の拡大を招く。英国や米国以外の多くの国々でも、ポピュリスト政党の躍進に表れているように、グローバル化に対する反発は高まりを見せているのが現状である。

したがって、現行のグローバル化の流れは盤石なものではまったくない。トッドは、2010年ごろから世界はすでに「脱・グローバル化」と「国民国家への回帰」の局面に入っていると述べるほどである。グローバル化の流れは、一見するよりもかなり不安定なものであり、これを改め、もっと公正かつ安定した世界秩序構想へと結びつけることは決して不可能なことではないのである。

各国で見られるグローバル化への反発は、下手をすれば、極端な排外主義や自国優先主義につながる恐れもある。それゆえ、現在求められているのは、グローバル化への反発を、建設的なエネルギーに変換する新しい世界秩序構想にほかならない。

各国・各地域の文化や慣習に根差し、それを基盤とする複数の資本主義や自由民主主義からなる文化的多元性に富んだ世界秩序というものが、脱・グローバル化の新しい世界秩序構想の有力な候補の一つであろう。[26]

日本は、国際的には、こうした脱・グローバル化の建設的構想を世界に示すと同時に、国内においては、新時代の「日本型資本主義」の構築を目指していくべき時期に来ているのではないだろうか。

起業偏重の風潮への疑問

抽象的な話が続いたので、少し具体的な話をしよう。新しい日本型資本主義を模索していくうえでの手がかりとなるものとして、日本文化における「創造性」のイメージに関する話をしたい。

政府は数年前から、学校での「起業家教育」に力を入れている。文科省も経産省も起業家教育の導入を小学校から図っている。起業家教育を施すことによって、「チャレンジ精神や独創性に富んだ人材を育成し、アップルやグーグルのような世界を代表する企業に飛躍するベンチャーが育つ土壌づくりを目指す」（毎日新聞２０１５年1月5日朝刊）というのである。

「起業家教育」を進める理由は、「日本での起業が低調なこと」が経済の停滞を招いていると捉え、対照的に「起業が活発な米国ではアップルやグーグル、フェイスブックなどのベンチャーが急成長を遂げ、経済をけん引している」（同記事）という認識にある。「起業家教育」推進だけでなく、政府はここ数年、起業礼賛の政策を次々と打ち出している。「開業率を英米並みの10％に引き上げることを目指す」「有望な起業家候補に、2年間の生活費援助を行う」などの政策である。

私は、最近のこうした起業偏重の風潮には大きな疑問を覚える。「起業バンザイ！」の発想の背後には、日米の文化的背景の相違を理解せず、日本を米国のような社会にしたいというまさに梅棹忠夫の言うところの「質《たち》の悪い輸入業者」的な願望があると感じるからだ。ここでは特に「創造性」の見方がすっかり米国寄りに偏ってしまっている点を指摘したい。本来、日米の間には、「創造性」の捉え方の相違があるからである。

「創造性」の捉え方の相違

以前、評論家の山崎正和が、日本文学者のドナルド・キーンに触れつつ、興味深いことを述べていた。日本と欧米の詩歌に対する捉え方の違いである。[27]

欧米では、詩人や作家は、しばしば孤独で天才的な隠遁者《いんとんしゃ》である。米国の著名な女流詩人エミリー・ディキンソンは現在のひきこもりに近かった。『ライ麦畑でつかまえて』のJ・D・サリンジャーも長く隠遁していた。以前の米国映画に『小説家を見つけたら』（ショーン・コネリー主演、２０００年）というのがあったが、これにもひっそりと隠れ住んでいる小説家が出てきた。

欧米の考えだと、詩歌は、神の啓示を受けて作られるので、詩人や作家は、あまり人づき合いせず、隠遁していてもよい。詩歌をはじめとする芸術は、啓示を受けた個人が生み出すという発想である。神を背負った個人が作ると想定される。

他方、キーンは驚きをもって記しているのだが、日本の伝統では、詩歌は常に、人と人との関わりのなかで生まれると考えられてきた。和歌も俳句も、歌会や句会といった社交の場で作られるのが基本である。時には、吟行という具合に野山に皆で出かけて行って、歌を詠むこともある。

場の雰囲気や感情を共有し、人と人とが関わり、お互いに批評し合うなかで、よりよき詩歌が生まれると想定されてきた。詩歌だけではなく茶道や華道にしても、日本の芸術は、社交の場で人をもてなすなかで作られるものだった。

日本と欧米のこのような相違は、芸術観の相違であると同時に、人の創造性に対する見方の違いでもある。欧米では、創造性を担うのはあくまで個人である。背景には神の啓示があったが、世俗化の進んだ現代では神はあまり意識されず、個人の独創がそれを担うという発想である。

他方、日本では、創造性が生じるのは、よき人間関係がある場である。状況を共有し、そこで生まれる感情を分かち持つ人々の相互作用のなかから新奇でユニークなものが生じるという発想である。

創造性についてのこうした日本的な見方は、教育心理学者も指摘している。臼井博は、日米の比較研究の結果をいくつか参照しつつ、次のように記す。

「個人主義の伝統の強いアメリカでは創造性を個人の中の特徴であると見やすいのに対して、日本ではそれをむしろ個人間に共有される特徴と見る傾向があるのではなかろうか」[28]

創造性の欧米的見方をビジネスの場に投影したのが、起業家重視の発想である。独創的個人である起業家が天賦の才でもってブレイクスルーを起こすという見方である。

前述のとおり、最近、日本でも、政府を中心にこうした見方を取り入れようとする動きが顕著である。だが、それでも日本人にとってなじみ深いのは、そして実際、多くの技術革新を過去、成し遂げてきたのは、やはり、創造性とは人と人との間に生まれるものだという見方であろう。いわば『プロジェクトX』的な見方だといってもよいだろう。つまり、新製品の開発など創造性が必要とされる場合、ひとまず、よき信頼関係が得られる場を作り、その場における「知の共有」「感覚の共有」を図っていく。そして皆で、忌憚《きたん》のない意見や感想のやり取りや試行錯誤を繰り返しながら、新奇な、優れたものを生み出していくというものである。

たとえば、「知識経営」を広めた経営学者の野中郁次郎は、かつてこの発想で日本企業の創造性を分析し、大きな話題を呼んだ。[29]

日本では、班活動、給食当番、教室の掃除、学級会、部活動などさまざまな機会を通じて、小中学校のときから他者と共同作業することの大切さが教えられる。これらは、他国ではあまり見られない日本の学校教育の特徴である。

日本人は、学校教育の場でも、あるいはかつての日本型経営でも、他者との共同作業を重視し、皆が協調性を持ち、気持ちよく働ける場を作り出すことの重要性を強調してきた。これは、単に効率性向上という考慮からきているわけではない。日本人が個性を重視しない集団主義に染まっているからでもない。そうではなく、そうした場づくりが個々の人々に活力を与え、新しい発想の創造や個々の成長にもつながると半ば無意識に捉えてきたからにほかならない。

構造改革の流れのなかで、日本の職場では、正社員が次々と非正規雇用の人々に置き換えられていった。その結果、日本人が創造性を発揮する基盤はかなり損なわれてしまった。非正規社員が増えた職場では、「知の共有」はなかなかなされない。また親しさに欠ける人々の間では、互いに批評しあうことも覚束《おぼつか》ないのが普通である。

「日本型資本主義」の新バージョンを模索せよ

起業偏重の近年の風潮や創造性の日本的理念に関連してもう少し続けたい。

この点に関して、英国・ケンブリッジ大学の経済学者ハジュン・チャンは、「起業家精神こそが経済成長のカギだ」という通俗的な見方を批判したうえで、先進国では「起業家精神の組織化・集団化のほうが大切だ」という見方を提示している。[30] チャンは以下のように述べる。

「日本では、企業が集団的制度メカニズムを発展させて、最下位の生産ライン労働者の創造性さえ充分に引き出すことに成功した。多くの者が、この日本企業の成功の原因を、起業家精神の集団化だと考えている」[31]

チャンがここで「起業家精神の集団化」の例として挙げているのは、戦後日本の製造業の強さの大きな要因だった、いわゆる「カイゼン」活動のことである。

「カイゼン」とは、トヨタなどの日本の製造業の生産現場で行われてきた、作業などの見直し活動のことを指す。作業効率の向上、品質管理、安全性の確保などについて、経営陣から指示されるのではなく、現場の作業者が自発的かつ積極的に皆でよりよき方策を提案し合い、試行錯誤しながら、ボトムアップで問題の解決を図っていく方法である。198

0年代頃から日本的経営の中心にあるものとして国際的にも注目を浴びるようになった。「カイゼン」活動は、会社の全員が、つまり経営者だけでなく工場など現場の末端の従業員や作業員までもが、それぞれ創意工夫や創造性を発揮し、仕事をよりよいものにしていこうという意欲をもって初めて可能になる。チャンの言うように、カイゼン活動は、「最下位の生産ライン労働者の創造性さえ充分に引き出す」「起業家精神の集団化」の事例だと見ることができる。

「起業家精神」とは、ここでは仕事に関する「創造性」や「創意工夫」、「主体的に仕事に取り組む意欲」などを意味する。そうだとすれば、起業家精神は、自分で事業を起こそうとする文字通りの起業家だけでなく、従業員（被雇用者）であっても、磨き、発揮できる余地は結構あるはずだ。少なくとも、かつての日本企業はそう考えて、「起業家精神の集団化」の仕組みとして「QCサークル」などの「カイゼン」の各種の手法を考案してきた。

当然ながら、「QCサークル」などの「カイゼン」活動は、従業員が、自分の働く企業に帰属意識や愛着を持ち、「自分の会社や部署のために、よりよい仕事をしていくぞ！」という意欲が高いところでないと成り立たない。

日本経済の本来の強みは、いわゆる起業家や経営者という一握りの者たちだけではなく、現場の従業員や作業員に至るまで、非常に多くの人が、創意工夫を重ね、創造性を発揮し、よりよい仕事をしようという意欲をもってきたところにあるはずだ。

最近の日本人は、構造改革に明け暮れた「失われた20年」のなかで、米国的なものの見方をやみくもに取り入れ、自分たちのものの見方を忘れてしまったようだ。

創造性に関して言えば、創造性とは人と人との間に生じるものであるということ、そして、その発揮のためには何よりもまずよき人間関係が得られる場が必要だということを忘れてしまったのではないか。

繰り返すが、私は、かつての「日本型資本主義」や「日本型経営」をそのまま復活させるべきだと言いたいわけではない。そうではなく、私が訴えたいのは、グローバル・スタンダード幻想から脱却し、自分たちの半ば無意識のものの見方や感覚に自信を持ち、自分たちの能力を最も引き出しやすい仕組みや制度、ルールを試行錯誤的に作っていく努力をあらためて行っていくべきだということである。その試行錯誤の努力のなかから、徐々に現状に合う新しいバージョンの「日本型資本主義」「日本型経営」の姿が立ち現れてくるはずである。

保守するための改革を

本来、改革とは、自分たちの生活、あるいは自分たちの子孫の生活をよくするためにあるはずである。将来、よい生活、満足できる暮らしを手に入れるために、今、少々我慢し、改革のもたらす痛みも甘受する。改革とは本来、そういうものであるはずだ。

だが、ここ約20年の改革のなかで、この本来の意味がわからなくなってしまった者が多いのではないか。改革を続けても、日々の生活はちっとも楽にならない。むしろ、閉塞感、徒労感、疲弊感が高まる。現在の構造改革は、多くの場合、「グローバル化のためだ」と語られることが多いが、「グローバル化」自体、目指すべきよいものなのかどうかよくわからない。最近では、「グローバル化とは一種の宿命であって、避けられるものではない。この流れについていくほかない」という趣旨のどこか投げやりな議論もよく聞く。

結局、大多数の人々が、改革の意味がわからなくなり、それに対する意欲も湧かないというのが現状であろう。

本章で私が提案してきた脱・構造改革路線も、結構な規模の改革を求めるものだと言える。ただこれは、いわゆる「保守するための改革」と言ってよい。18世紀の英国の政治家・思想家で、保守主義の父とも称されるエドマンド・バークは、かつて「保守するための改革」を訴えた。世の中は変わりやすいため、何もせず、じっとしていては、本当に大切にすべき伝統や慣習などは守れない。世の中の変化のなかで、そうしたものも失われてしまうからだ。それゆえ、本当に守るべきものを守るためにも、改革が必要だと述べたのである。

私もこの考え方に賛成だ。ただ、現在の日本の「保守するための改革」の必要性は、バークの頃よりももっと大きいと言ってよいだろう。我々日本人自身、米国など外来のものの見方の圧倒的流入により、自分たちのアイデンティティを見失いつつある。また、過去の日本人が積み重ねてきた慣習や規範、制度が、構造改革のなかで、すでに米国的・新自由主義的なものに置き換えられてしまった事例も少なくない。日本を取り巻く国際的秩序の枠組みとしても、資本の国際的移動の自由化などグローバル化が進み、守るべきものを守る手段としての国の力が落ちてしまっている。

したがって、現在の我々日本人に求められていることは、かなり大規模な改革の努力だともいえる。国際的には、不公正な現行のグローバル化路線を改め、日本を含む各国が、各々の文化や伝統、慣習を基礎に、それぞれにとってなじみやすい政治的・経済的枠組みを作っていけるような新しい、より公正な世界秩序構想を練り上げ、その実現を目指して各国に働きかけていかなければならない。それと並行して、国内的には、半ば無意識の心の傾向性やそれと密接な関連を持つ慣習や規範の意義に自覚的になり、そこから導き出される価値観に基づくバージョンアップされた「日本型資本主義」、いわば「日本型資本主義２・０」の構築に努める必要がある。

確かに、こうした「保守するための改革」の実行は容易ではない。特に、グローバル化に一定の歯止めをかけるという構想に対しては、世界中の金融資本といった「抵抗勢力」の大きな反発が予想され、困難を極めるであろう。

だが、改革すればするほど、閉塞感や徒労感が高まる現在の新自由主義に基づくグローバル化路線を歩み続けるよりは、ここで提示したような「保守するための改革」に取り組む方がはるかに有益であり、我々の活力も回復するのではないだろうか。「失われた20年」で我々が失ったのは、何よりも日本のアイデンティティである。「保守するための改革」とは、我々のアイデンティティを取り戻し、またそれを現代的状況のなかで更新していく試みである。不公正な現行の「グローバル化」などよりも、はるかに取り組むに値するものではないだろうか。

おわりに

「リカちゃん人形」は昨年（２０１７年）で発売50周年を迎えたそうだ。

リカちゃん人形は、その時々の流行をうまく取り入れてきた。たとえば、現在のプロフィールによれば、リカちゃんの趣味の一つは「ＳＮＳ更新」だそうだ。現代っ子のリカちゃんは、友達とラインをしたり、「インスタ映え」する場所を探してあちこち出かけたりするのだろう。

流行に敏感なリカちゃん人形だが、発売以来、変わらない特徴もあるのをご存じだろうか。リカちゃんの目である。リカちゃんの目は、まっすぐ前を見つめておらず、少し左上に視線が行くように作られている。子どもがリカちゃんで遊ぶときに目が合ってしまうと圧迫感を覚えるので、それを避けるためだという。

対照的に、米国のバービー人形は、真正面を見つめている（ぜひインターネットでリカちゃん人形とバービー人形を画像検索してみてほしい）。私などは、バービー人形で遊ぶ子どもは確かに人形の目に圧迫されそうだと心配になるが、米国の子どもはあまり気にならないのだろう。普段あまり意識することがないが、日米の文化差がここにも表れている。本書で述べたように、日本の家庭や学校の子育てでは、「やさしい子」「素直な子」「人の気持ちによく気がつく子」を育てようとする。これはかなり以前から変わらない特徴である。

この子育ての特徴から、人の気持ちによく気がつく敏感な子が育ち、それが「思いやり」「おもてなし」の文化を生んでいる。世界に誇るべき日本の治安の良さや整然とした秩序、清潔さの源でもある。

それと同時に、こうした子育ての慣習は、他者の視線に敏感で、真正面から見つめられると当惑しがちな子を作り出すことも意味する。

言語学者の鈴木《すずき》孝夫《たかお》は以前、次のように書いていた（『日本人はなぜ英語ができないか』岩波新書、１９９９年）。米国人の英語教師が日本人学生によく要求する事柄の一つに、人と話すときは相手の目を見つめながら話しなさいということがある。会話の最中に目を逸《そ》らすのは何か心にやましさがあるからではないかと解釈するのが米国流だそうだ。

他方、日本人の感覚からすれば、人の目をじっと見続けることはあまり好ましくない。「ガンをつける」と言うように、日本では相手の目を注視し続ければ見つめられる方は不快な気持ちになるか、当惑してしまう場合が多い。

しかし、日本人は、米国人教師に「相手の目を見て話しなさい」と言われると、照れくささや違和感を覚えながらも、おとなしく従うことがほとんどだろう。鈴木は、ここで黙って従ってしまうのはおかしい、それでは本当の国際的相互理解は果たされないと指摘する。この場合、日本人学生は、米国人教師に日本の文化的見方をきちんと説明すべきだ。つまり、相手の目を正面から見据え続けて話すことは、日本では相手を威圧することにつながりかねず礼儀正しいことではないと、はっきりと言う必要があるというのである。

私も同感だ。日本には「言挙《ことあ》げ」を嫌い、謙譲の美徳を尊ぶ気風がある。そのため日本人は自分たちのものの見方や感覚、慣習の意味を言語化し、相手に説明し、納得させる努力を怠ってきた。それどころか、日本人自身が日本的なものの見方の意義を忘却しがちになり、それを特殊で劣っているものだと次第に思い込むようになってしまった。その結果、海外の特定の基準（特に米国の基準）を普遍だと信じ、それにやみくもに合わせるようになってきた。実際、ここ20年ほど「構造改革」の名の下に、日本社会を米国型に改造する動きが顕著であった。こうした改造が進むにつれて、日本社会に対して、日本人自身が違和感を覚え、生きづらく感じる場面が増えてきた。この傾向がさらに進めば、近い将来、我々の子孫は大変な苦労を背負い込むことになるだろう。

それを避けるため、今後、少なくとも日本でリーダー的立場に就く人々は、日本人の感覚や慣習をきちんと認識し、言語化し、日本文化の意義をきちんと知的レベルでも理解していく必要がある。そして、感覚や慣習を窒息させない社会的枠組みを作っていかなければならない。加えて、日本だけでなく、世界の各国・各地域がそれぞれ自分たちの文化や慣習を大切にし、それを土台にした国づくりができるように、現状の画一的なグローバル化路線を改めるべきであることを国際社会に訴えていかなければならない。

本書で述べたかったのは、リカちゃんの目のエピソードから説き起こせば、そのように言えるだろう。

なお、文中に記載した人名の敬称は略させていただいた。


本書の完成には、たくさんの人々のお世話になった。各種の講演や大学の授業で、または雑誌や新聞、メールマガジンの記事などを通じて、あるいは日常の会話のなかで、私の話に耳を傾けたり、目を通してくれたりした人々とのやり取りが、本書の構想を徐々に形にしていったのは言うまでもない。まさに、創造性とは、本書のように拙いものであったとしても、人と人との間に生まれるものだということを実感する。

とりわけ、KADOKAWAの担当編集者である吉田《よしだ》光宏《みつひろ》氏にはお世話になった。また、私が原稿の締め切りを守らないことで再三ご迷惑をおかけした。感謝とお詫《わ》びを申し上げたい。

2018年陽春

施《せ》 光恒《てるひさ》

註

第一章　同調主義的で権威に弱い日本人？

1：厚切りジェイソンのツイッター（２０１５年10月１日）
https://twitter.com/atsugirijason/status/649486784917848064
2：早坂隆『世界の日本人ジョーク集』中公新書ラクレ、２００６年、１１０－１１１頁
3：南博『日本的自我』岩波新書、１９８３年、４頁
4：同書、５頁
5：参照、大塚久雄『近代化の人間的基礎』筑摩叢書、１９６８年、20－23頁
6：同書、26頁
7：同書、23頁
8：たとえば参照、松下圭一『政策型思考と政治』東京大学出版会、１９９１年、76頁
9：松下圭一『都市政策を考える』岩波新書、１９７１年、68頁
10：同書、同頁
11：参照、小田中直樹『日本の個人主義』ちくま新書、２００６年、10頁
12：参照、小沢一郎『日本改造計画』講談社、１９９３年、１－６頁

13：中野剛志『官僚の反逆』幻冬舎新書、２０１２年、９頁

14：参照、中西輝政『日本人としてこれだけは知っておきたいこと』ＰＨＰ新書、２００６年、２２０－２２１頁

第二章　日本文化における自律性——ベネディクト『菊と刀』批判を手がかりに

1：参照、ルース・ベネディクト／長谷川松治訳『菊と刀——日本文化の型』講談社学術文庫、２００５年、２７２－２７６頁

2：同書、２７３頁

3：同書、同頁

4：同書、２７２頁

5：同書、同頁

6：同書、２７３頁

7：同書、２７４頁

8：たとえば、２０１６年の国際特許出願件数の国別ランキングでは日本は米国に次ぐ世界第2位である。参照、https://www.globalnote.jp/post-5380.html（「GLOBAL NOTE」社のサイト）。

9：参照、南博前掲書、浜口恵俊『「日本らしさ」の再発見』講談社学術文庫、１９８８年。See Lebra, T. S., *Japanese Patterns of Behavior* (Honolulu: The University Press of Hawaii, 1976) and Rosenberger,

N. R. (ed.), *Japanese Sense of Self* (Cambridge: Cambridge University Press, 1992).

10：たとえば、自己観に関する文化差の研究において頻繁に引用される人類学者のＣ・ギアツの文章によると、欧米的自己観では、人間を「外部とは境界づけられた、独特の、そして多かれ少なかれ統合された動機上、認識上の総体であり、意識や感情や判断や行為の動的な中心であり、他とは異なった独自の全体へと組織化されたものとみなす。そして、他者や社会的・自然的背景とは明確に区別されるべきものであるとみなす」という。

Geerts, C., "On the Nature of Anthoropological Understanding," *American Scientist*, vol. 63, 1975, p. 48.

11：See Markus, H. R. and Kitayama, S., "Culture and the Self: Implications for Cognition, Emotion, and Motivation," *Psychological Review*, vol. 98, no. 2, 1991. 参照、北山忍『自己と感情——文化心理学による問いかけ』共立出版、１９９８年、第2章

12：参照、木村敏『人と人との間——精神病理学的日本論』弘文堂、１９７２年、第四章、および鈴木孝夫『ことばと文化』岩波新書、１９７３年、第6章

13：鈴木前掲書、１９６頁

14：木村前掲書、１３７頁

15：同書、１４２頁

16：北山前掲書、57－60頁

17：See Markus and Kitayama, op.cit., p. 229.

18：たとえば参照、木村前掲書、51－73頁

19：たとえば参照、東洋『日本人のしつけと教育——発達の日米比較にもとづいて』東京大学出版会、1994年、第4章

20：Lebra, op.cit., p. 38.

21：参照、東前掲書、第4章

22：教育学者の恒吉僚子は、権威に訴える米国の「権威型」の子育ての手法と気持ちに訴える日本の「感情型」の子育ての手法を比較し、個々人を相互に独立のものとして捉える米国で優勢な個人主義的な自己観と「権威型」の子育てとのつながりについて指摘している。参照、恒吉僚子『人間形成の日米比較——かくれたカリキュラム』中公新書、1992年、23－32頁

23：See Lebra, op.cit., p. 153.

24：参照、東前掲書、103－108頁

25：参照、恒吉前掲書、第二章

26：参照、今井康夫『アメリカ人と日本人——教科書が語る「強い個人」と「やさしい一員」』創流出版、1990年、2頁、および塘利枝子、真島真里、野本智子「日英の国語教科書にみる対人的対処行動」『教育心理学研究』第四六巻、第一号、1998年、97頁

27：参照、今井前掲書、第5章、第7章、および東前掲書、85－86頁

28：参照、塘ほか前掲論文103－104頁

29：参照、川島武宜「評価と批判」（ベネディクト前掲書、所収）、405頁

30：参照、作田啓一『恥の文化再考』筑摩書房、1967年、10頁、会田雄次『日本人の意識構造——風土・歴史・社会』講談社、1970年、127-145頁。外国の研究者としては、たとえば以下を参照。Sabini, J. and Silver, M., "In Defence of Shame: Shame in the Context of Guilt and Embarrassment," *Journal for the Theory of Social Behavior*, vol. 27, no. 1, 1997, pp. 10-11.

31：参照、たとえば、R・J・スミス／村上健、草津攻訳『日本社会——その曖昧さの解明』紀伊國屋書店、1995年、112-113頁

32：See Smith, T. V., "The Social Psychology of G. H. Mead," *American Journal of Sociology*, 1931-1932, pp. 378-379. スミスとミードの理論の類似性については以下を参照。Costelloe, T. M., "Contract or Coincidence: George Herbert Mead and Adam Smith on Self and Society," *History of the Human Sciences*, vol. 10, no. 2, 1997, pp. 81-109.

33：参照、アダム・スミス／水田洋訳『道徳感情論（上）』岩波文庫、2003年、282・292頁

34：G・H・ミード／稲葉三千男、滝沢正樹、中野収訳『精神・自我・社会』青木書店、1973年、164-176頁

35：参照、『道徳感情論（上）』、379-414頁。なお、内面化された世間の視点と実際の世間の視点との間に乖離が生じるメカニズムの周到な説明については、たとえば、以下の文献を参照のこと。Haakonssen, K., *The Science of a Legislator: The Natural Jurisprudence of David Hume and Adam Smith*

(Cambridge: Cambridge University Press, 1981), p. 56.

36:『道徳感情論(上)』、３２８頁

37:参照、山崎正和『日本文化と個人主義』中央公論社、１９９０年、37-61頁

38:参照、山崎正和「変身の美学——世阿弥の芸術論」(山崎責任編集『世阿弥(日本の名著10)』中央公論社、１９８３年、所収)、56-60頁

39:参照、山崎『日本文化と個人主義』、83-95頁

40:参照、生田久美子『「わざ」から知る(認知科学選書14)』東京大学出版会、１９８７年、57-65、84-91頁

41:参照、R・J・スミス『日本社会』、１４３-１４５頁

42:参照、村瀬孝雄編『内観法入門』誠信書房、１９９３年、14-18頁

43:２０１３年3月3日-9日、熊本県玉名市の蓮華院誕生寺内の内観研修所にて。

44:村瀬孝雄『内観——理論と文化関連性(自己の臨床心理学3)』誠信書房、１９９６年、２２７頁

45:同書、同頁

46:同書、同頁

47:北山前掲書、92頁

48:See Lewis, C. C., *Educating Hearts and Minds: Reflections on Japanese Preschool and Elementary Education* (Cambridge: Cambridge University Press, 1995), pp. 90-1, 120-2. こうした自省能力の獲得

を促す話し合いと反省の場の設定は、日本の学校教育ではカリキュラムの一環であり、非常に重要な教育的意義を持つと捉えられている。恒吉僚子も、ルイスと同様に、このような話し合いおよび反省活動の重視は、米国と比べた場合の日本の学校教育のもっとも顕著な特徴であると述べている。恒吉によると、米国の学校には、普通、日本の学校の「学級会」や「朝の会」、「帰りの会」のような定期的に設定された話し合いと反省の時間はない。米国の学校は、しばしばディスカッションの機会を持つが、その議題は学問的な問題である。たとえば、社会科の時間に公害の問題に関して話し合う場合などである。日本の学校教育で大部分を占めるような話し合いの活動、つまり学級の一員である児童・生徒の行為や態度や性格の問題などを皆の問題として集団で話し合い、反省し合うという活動は通常は見られない。
See Tsuneyoshi, R., "Small Groups in Japanese Elementary School Classrooms: Comparisons with the United States," *Comparative Education*, vol. 30, no. 2, 1994, pp. 123-7.

49：柳田國男「先祖の話」（『柳田國男全集13』ちくま文庫、１９９０年、所収）、61頁

50：柳田國男「魂の行くえ」（『柳田國男全集13』ちくま文庫、１９９０年、所収）、７１０頁

51：参照、長野浩典『生類供養と日本人』弦書房、２０１５年、２１３・２１７頁。なお著者は、「生類の犠牲のうえに自らの生業が成り立っていると感じるとき、生類たちに感謝する」と記している（２２３頁）。日本の民衆道徳では「相互協調的自我観」は、他の人々との関係だけでなく、生類一般との関係をも意識するものだと考えてよいだろう。

52：参照、臼井博『アメリカの学校文化 日本の学校文化』金子書房、２００１年、74頁

53：参照、同書、同頁。および塘ほか前掲論文、99頁
54：参照、文部科学省『心のノート　小学校3・4年』平成21年度改訂版、60－63頁
55：参照、臼井前掲書、75頁
56：参照、同書、同頁
57：大山の内観についての次の著書にも、身体の一部やモノに対する内観に関する記述がある。大山真弘『お母さんにしてもらったことは何ですか？』サンマーク出版、2012年、159－163頁
58：内山節『「里」という思想』新潮社、2005年、53頁
59：同書、52頁
60：同書、53頁

第三章　改革がもたらす閉塞感――ダブル・バインドに陥った日本社会

1：参照、可児鈴一郎『世界でいちばんやる気がないのは日本人』講談社プラスアルファ新書、2008年
2：自殺者数は急増した1998年以降ほぼ横ばいを続けていたが、2010年以降は現在まで減少を続けている。減少の要因についてはさまざまな見解が提示されている。経済の回復やアベノミクスにおける金融緩和路線への政策変更などに要因を求める見解もあるようだが、2010年以降、経済が急激に回復したという事実は見られないし、アベノミクスの金融緩和政策は2013年以降である

ゆえ平仄が合わない。むしろ、民主党政権下で亀井静香金融・郵政改革担当相が主導した中小企業金融円滑化法の成立（２００９年）が一因かもしれない。他に、警察の自殺認定基準が厳しくなり、それまで「自殺」と数えられていたものが、そうならず、「変死」などとして処理されるようになったことが影響しているのではないかという見解もある。この見解については下記を参照。「自殺者7年連続減に〝トリック〟元刑事・飛松五男氏が解説」『日刊ゲンダイDIGITAL』（２０１７年2月1日付）。
https://www.nikkan-gendai.com/articles/view/lifex/198569/
確かに、警察白書などからみると、平成20年（２００８年）ごろから検視官の臨場率が上がり、検死の厳密化が進んだようである。また「変死体」の数も大きく増えている。
3：参照、石川良子「社会問題としての『ひきこもり』（1）――『朝日新聞』記事データベースを用いての検討」『松山大学論集』第二七巻、第三号、２０１５年、１２１－１３５頁
4：同論文、１２４頁
5：参照、R・ドーア『幻滅――外国人社会学者が見た戦後日本70年』藤原書店、２０１４年、１７３－１７５頁
6：同書、１７５頁
7：参照、東谷暁『増補 日本経済新聞は信用できるか』ちくま文庫、２０１４年、第2章、第3章
8：参照、中谷巌『資本主義はなぜ自壊したのか――「日本」再生への提言』集英社文庫、２０１１年、３６６－３６７頁

9：参照、増田貴彦、山岸俊男『文化心理学（上）――心がつくる文化、文化がつくる心』培風館、２０１０年、１４２頁、１７３－１７４頁

10：M・ジーレンジガー／河野純治訳『ひきこもりの国――なぜ日本は「失われた世代」を生んだのか』光文社、２００７年

11：M・ジーレンジガー／内田由紀子訳「ひきこもり――現代日本社会の〝行きづまり〟を読み解く」（河合俊雄、内田由紀子編『「ひきこもり」考』創元社、２０１３年、所収）、25頁

12：野中郁次郎、竹内弘高／梅本勝博訳『知識創造企業』東洋経済新報社、１９９６年

13：参照、北山忍「自己矛盾のメンタリティー――ひきこもりの文化心理学」（河合、内田編『「ひきこもり」考』、所収）

14：参照、北山忍『自己と感情――文化心理学による問いかけ』共立出版、１９９８年、38－39頁

15：参照、同論文、37－38頁、および Kitayama, S., et.al., "A Cultural Task Analysis of Implicit Independence: Comparing North America, Western Europe, and East Asia," *Journal of Personality and Social Psychology*, vol. 97, no. 2, 2009, pp. 236-255.

16：参照、濱口恵俊編著『日本社会とは何か――〈複雑系〉の視点から』ＮＨＫブックス、１９９８年、第Ⅲ部

17：参照、福田恆存「親孝行」（『福田恆存評論集 第十八巻』麗澤大学出版会、２０１０年、所収）、１３０－１３２頁

18：北山前掲論文、40－41頁
19：同論文、40頁
20：参照、G・ベイトソン／佐藤良明訳「精神分裂症の理論化に向けて」（ベイトソン『精神の生態学』（改訂第2版）、新思索社、2000年、所収）
21：このあと本章で紹介する岩田真理や高塚雄介以外にも、ひきこもりの要因をダブル・バインド状況に見出す論者として演出家の平田オリザがいる。参照、平田オリザ『わかりあえないことから――コミュニケーション能力とは何か』講談社現代新書、2012年、15－25頁
22：参照、近藤章久「対人恐怖について――森田を起点として」『精神医学』第12巻5号（1970年5月号）、384－385頁
23：参照、同論文、25頁
24：参照、岩田真理「ダブル・バインドな日本社会と対人恐怖」（岩田のブログ『ランダム・マンダラ』2013年8月11日の記事）
http://angiem.blog137.fc2.com/blog-entry-89.html
25：高塚雄介『ひきこもる心理 とじこもる理由――自立社会の落とし穴』学陽書房、2002年、21頁
26：たとえば、第二章（53頁、および註22）で触れたように、子どものときから、個人主義的前提に基づいた「権威型」のしつけを施す必要があるだろう。なお、権威型のしつけと米国的な個人主義と

のつながりについては第五章でも言及する。

27：参照、高塚前掲書、22－24頁

28：「実態調査からみるひきこもる若者のこころ――平成19年度若年者自立支援調査研究報告書」、東京都青少年・治安対策本部、平成20年（２００８年）５月、81頁（高塚執筆部分）

29：同報告書、82頁（太字強調は著者の高塚によるもの）

30：参照、同報告書、82頁

31：参照、高塚前掲書、１９３－１９４頁

32：同書、１９３頁

33：玄侑宗久『しあわせる力』角川ＳＳＣ新書、２０１０年、第一章

34：Kitayama, S., Markus, H. R., and Kurokawa, M., "Culture, Emotion, and Well-Being: Good Feelings in Japan and the United States," *Cognition and Emotion*, vol. 14, no. 1, 2000, pp. 93-124. 日本人が他者との調和的関係に幸福を見出す傾向についての文化心理学的研究の知見をまとめたものとして以下を参照。増田、山岸前掲書、１５４－１７７頁、および大石繁宏『幸せを科学する――心理学からわかったこと』新曜社、２００９年、第４章

第四章　「日本的なもの」の抑圧――紡ぎだせないナショナル・アイデンティティ

1：参照、R・ドーア／藤井眞人訳『日本型資本主義と市場主義の衝突――日・独 対 アングロサクソ

ン』東洋経済新報社、2001年、43-47頁
2：参照、東谷暁『グローバル・スタンダードの罠』日刊工業新聞社、1998年、22-35頁
3：村沢義久『グローバル・スタンダード経営』ダイヤモンド社、1997年、3頁
4：佐伯啓思『国家についての考察』飛鳥新社、2001年、135-136頁
5：同書、136-137頁
6：同書、144頁
7：参照、江藤淳『閉された言語空間』文春文庫、1994年、および山本武利『GHQの検閲・諜報・宣伝工作』岩波書店、2013年
8：参照、佐伯啓思『従属国家論』PHP新書、2015年、71-72頁
9：同書、71頁
10：同書、71-72頁
11：柳田国男（小松和彦校注）『新訂 妖怪談義』角川ソフィア文庫、2013年、16頁（「妖怪談義」の初出は1938年）
12：参照、長野晃子『日本人はなぜいつも「申し訳ない」と思うのか』草思社、2003年、30頁
13：参照、同書、70頁
14：池田香代子、大島広志など編著『ピアスの白い糸——日本の現代伝説』白水社、1994年、166頁

15：長野の著書に取り上げられているものは少々長いので、桜沢正勝、鍛治哲郎訳『グリム　ドイツ伝説集〈下〉』（人文書院、1990年、248-251頁）を参考にあらすじのみ示す。
16：長野前掲書、102頁
17：J・H・ブルンヴァン／大月隆寛ほか訳『消えるヒッチハイカー——都市の想像力のアメリカ』新宿書房、1988年、92頁
18：常光徹『学校の怪談』講談社KK文庫、1990年、170-173頁
19：前掲『ピアスの白い糸』、157頁
20：参照、柳田『妖怪談義』、18-19頁
21：参照、同書38頁、62-63頁
22：同書、62頁
23：参照、柳田國男「先祖の話」（『柳田國男全集13』ちくま文庫、1990年、所収）、192-195頁
24：参照、柳田國男「巫女考」（『柳田國男全集24』筑摩書房、1999年、所収）、150~214頁、「妹の力」（『柳田國男全集11』筑摩書房、1998年、所収）、239-447頁
25：参照、鈴木光司『リング』角川ホラー文庫、1993年、216-220頁
26：江藤淳は、GHQは、日本の歴史観や思想を検閲し禁止しようとしただけではなく、「『靈』とその存在を感得する感受性の否定を志向していた」と論じている。参照、「『かへる靈』と拒まれた霊」

（江藤淳『一九四六年憲法――その拘束 その他』文春文庫、1995年、所収）、300頁。江藤がここで指摘しているのは、柳田国男が強調したような日本文化を特徴づける死者のまなざしを感じ取る感受性の否定である。

第五章 真っ当な国づくり路線の再生

1：たとえば、参照、北山忍『自己と感情――文化心理学による問いかけ』共立出版、1998年、第一章

2：恒吉僚子『人間形成の日米比較――かくれたカリキュラム』中公新書、1992年、22－23頁

3：今井康夫『アメリカ人と日本人――教科書が語る「強い個人」と「やさしい一員」』創流出版、1990年、136頁。引用した文章は今井による翻訳、および要約である。原文は以下。Levy, E., "Something Strange on Vacation," in Stoodt, B. D., et.al., *Star Show* (Chicago: Riverside Publishing Company, 1986), pp. 78-95.

4：参照、今井前掲書、137頁

5：参照、臼井博『アメリカの学校文化 日本の学校文化――学びのコミュニティの創造』金子書房、2001年、60頁

6：参照、梅棹忠夫「アマチュア思想家宣言」（『梅棹忠夫 著作集 第十二巻』中央公論社、1991年、所収）

7：同論文、272頁

8：同論文、同頁

9：参照、同論文、273頁

10：参照、北山忍「自己矛盾のメンタリティー――ひきこもりの文化心理学」（河合俊雄、内田由紀子編『「ひきこもり」考』創元社、2013年、所収）、42－43頁

11：同書、43頁

12：参照、佐伯啓思『従属国家論』PHP新書、2015年、69頁

13：参照、柳田國男「先祖の話」（『柳田國男全集13』ちくま文庫、1990年、所収）61－62頁

14：同書、62頁

15：J・グレイ／松野弘監訳『自由主義の二つの顔――価値多元主義と共生の政治哲学』ミネルヴァ書房、2006年、1－54頁

16：参照、拙稿「リベラル・デモクラシー」（佐伯啓思、柴山桂太編『現代社会論のキーワード』ナカニシヤ出版、2009年、所収）

17：本章の残りでは日本型資本主義に焦点を絞る。日本型自由民主主義については今後、別の本で論じたい。自由民主主義の一部に過ぎないが、以前、私は本書で展開したような日本文化の解釈に基づき、日本文化における人権理念や人権教育について論じたことはある。以下を参照。T. Se and R. Karatsu, "A Conception of Human Rrights Based on Japanese Culture: Promoting Cross-Cultural

Debates," *Journal of Human Rights*, vol. 3, no. 3, 2004. 拙稿「日本の人権教育の効果的な形態の探究——文化的資源の活用という観点から」（関口正司編『政治における「型」の研究』風行社、２００９年、所収）

18：参照、C・クラウチ、W・ストリーク／山田鋭夫訳『現代の資本主義制度——グローバリズムと多様性』NTT出版、２００１年

19：参照、R・ドーア『誰のための会社にするか』岩波新書、２００６年、12頁

20：参照、R・ドーア「日本の独自性」（クラウチ、ストリーク前掲書、所収）、43－44頁

21：参照、R・ドーア『日本型資本主義と市場主義の衝突——日・独対アングロサクソン』東洋経済新報社、２００１年、51－55頁

22：参照、R・ドーア『幻滅——外国人社会学者が見た戦後日本70年』藤原書店、２０１４年

23：以下を参照。Streeck, W., *How Will Capitalism End?: Essays on a Failing System* (London: Verso, 2016), pp. 90-94. R・B・ライシュ／雨宮寛、今井章子訳『最後の資本主義』東洋経済新報社、２０１６年

24：参照、D・ロドリック／柴山桂太、大川良文訳『グローバリゼーション・パラドクス』白水社、２０１３年、２２０－２３３頁

25：参照、E・トッド／堀茂樹訳『問題は英国ではない、EUなのだ』文春新書、２０１６年、65－67頁

26：この点についてもう少々詳しく述べたものとして以下の拙著を参照。『英語化は愚民化――日本の国力が地に落ちる』集英社新書、2015年、222－237頁

27：参照、山崎正和「日本文化の底を流れるもの」(『山崎正和著作集4』中央公論社、1982年、所収)、177－185頁

28：臼井前掲書、91頁

29：参照、野中郁次郎、竹内弘高／梅本勝博訳『知識創造企業』東洋経済新報社、1996年

30：参照、H・チャン／田村源二訳『世界経済を破綻させる23の嘘』徳間書店、2010年、214－216頁

31：参照、同書、225－226頁

施　光恒（せ・てるひさ）
1971年、福岡県生まれ。政治学者。九州大学大学院比較社会文化研究院准教授。慶應義塾大学法学部政治学科卒業後、英国シェフィールド大学大学院政治学研究科哲学修士（M.Phil）課程修了。慶應義塾大学大学院法学研究科政治学専攻博士課程修了。博士（法学）。専攻は政治理論、政治哲学。主な著書に『英語化は愚民化 日本の国力が地に落ちる』（集英社新書）、『リベラリズムの再生 可謬主義による政治理論』（慶應義塾大学出版会）、『まともな日本再生会議 グローバリズムの虚妄を撃つ』（共著、アスペクト）、『反動世代 日本の政治を取り戻す』（共著、講談社）、『ＴＰＰ 黒い条約』（共著、集英社新書）などがある。

本当《ほんとう》に日本人《にほんじん》は流《なが》されやすいのか

施《せ》　光恒《てるひさ》

2018年 5 月 10 日　初版発行
2024年 10 月 25 日　5 版発行

◆◇◇

発行者　山下直久
発　行　株式会社KADOKAWA
〒102-8177　東京都千代田区富士見 2-13-3
電話　0570-002-301（ナビダイヤル）

装 丁 者　緒方修一（ラーフイン・ワークショップ）
ロゴデザイン　good design company
オビデザイン　Zapp!　白金正之
印 刷 所　株式会社KADOKAWA
製 本 所　株式会社KADOKAWA

角川新書

ISBN978-4-04-082029-3 C0295

KADOKAWAの新書 ✿ 好評既刊

長寿の献立帖
あの人は何を食べてきたのか

樋口直哉

長生きが当然の一億総長寿時代。老いをいかに生きていくべきか。40名あまりの長寿を全うした人々の食生活や人生からそのヒントを探る。食は人生の一部であり、全体ではない。だが一方で食べることは、生きることを象徴しているのもまた事実である。

人生ごっこを楽しみなヨ

毒蝮三太夫

世の中のジジイ、ババア！　楽しく毎日すごしてるか!?　この本では「年を取る喜び」みたいなものを俺なりに書いてみようと思うんだ。まぁ気楽に肩の力を抜いて、好きなところからページをめくってくれよな。

徳川家が見た西郷隆盛の真実

徳川宗英

なぜ、上野公園に西郷隆盛の銅像が建てられたのか？　なぜ、靖國神社に祀られなかったのか？　維新の立役者・西郷隆盛とはどんな人物だったのか。徳川家に伝わるエピソードを織り交ぜながらその実像に迫る。

かぜ薬は飲むな

松本光正

風邪の症状である発熱や咳、痰、くしゃみ、鼻水、頭痛、関節痛などは、身体がウイルスと闘っている状態。これらを薬で止めてしまったら、風邪の治りが遅くなるだけ。にもかかわらず、なぜ医師は薬を出すのか？

月岡芳年
最後の浮世絵師

平松　洋

かつては「血みどろ絵」として人気を博した月岡芳年。近年は武者絵や妖怪絵、美人絵など様々な視点から評価が進み、ますます人気を誇っている。本書では芳年の作品が生まれた時代性を解説するとともに、その主要作品を紹介する。